AI도 모르는
창의력의 비밀

AI도 모르는 창의력의 비밀

발행일   2025년 8월 26일

지은이   김대현, 김귀연
펴낸이   손형국
펴낸곳   (주)북랩
편집인   선일영   편집   김현아, 배진용, 김다빈, 김부경
디자인   이현수, 김민하, 임진형, 안유경, 신혜림   제작   박기성, 구성우, 이창영, 배상진
마케팅   김회란, 손화연, 박진관
출판등록 2004. 12. 1(제2012-000051호)
주소   서울특별시 금천구 가산디지털 1로 168, 우림라이온스밸리 B동 B111호, B113~114호
홈페이지 www.book.co.kr
전화번호 (02)2026-5777   팩스   (02)3159-9637

ISBN   979-11-7224-799-7 03190(종이책)   979-11-7224-800-0 05190(전자책)

잘못된 책은 구입한 곳에서 교환해드립니다.
이 책은 저작권법에 따라 보호받는 저작물이므로 무단 전재와 복제를 금합니다.
이 책은 (주)북랩이 보유한 리코 장비로 인쇄되었습니다.

(주)북랩 성공출판의 파트너
북랩 홈페이지와 패밀리 사이트에서 다양한 출판 솔루션을 만나 보세요!

홈페이지 book.co.kr   •   블로그 blog.naver.com/essaybook   •   출판문의 text@book.co.kr

---

작가 연락처 문의 ▸ ask.book.co.kr

작가 연락처는 개인정보이므로 북랩에서 알려드릴 수 없습니다.

김대현·김귀연 지음

AI도 모르는
창의력의 비밀

AI가 넘볼 수 없는 마지막 영역은 바로 인간의 창의력!

AI는 방법을 찾고,
인간은 의미를 만든다.
진정한 창조는 그 만남에서 시작된다!

 북랩

책을 시작하며

『AI도 모르는 창의력의 비밀』, 이 책은 우리가 모두 가지고 있으면서도 잊고 지낸, 바로 그 능력에 관한 이야기다. AI가 당신의 일을 대신하는 세상, 우리는 무엇을 해야 할까? 이 질문은 낯설면서도 두렵다. 하지만 비슷한 상황이 150년 전에도 있었다.

1874년, 프랑스 파리. 몇몇 화가들이 공식 미술 전시장에서 외면당한 그림을 모아 전시했다. 그림 속엔 역사나 신화, 영웅 대신 창밖의 햇살과 물결, 스치는 얼굴이 있었다. 창문 너머로 스며드는 빛, 바람에 흔들리는 강물, 순간을 스치듯 지나가는 사람들…. 그들은 말했다.

"우리는 눈앞의 순간과 감정을 그린다. 마음속의 진실을 따라간다."

이제, 우리는 AI 시대에 서 있다. AI는 그림을 그리고, 음악을 만들고, 시를 쓰고, 철학적 질문에도 답한다. 이 놀라운 기술 앞에서 우리는 묻는다.

"그래서 인간은 무엇을 해야 할까?"

그 질문의 실마리는, 어쩌면 인상파 화가들이 내놓은 대답 속에 있다. 그들은 '사진기가 있으니 더 이상 똑같이 그릴 이유가 없다'는 자각에서 출발했다. 그래서 그들은 달랐다. 그림은 더 이상 '똑같이 잘 그리는 것'이 아니라, '내가 본 방식대로, 느낀 대로' 표현하는 것이 되었다. 그들이 바꾼 것은 화풍이 아니라 세상을 바라보는 관점이었다. AI 시대도 마찬가지다. 정보는 AI가 줄 것이다. 정답도 AI가 보여 줄 것이다. 그렇다면 인간은 '정확히'보다, 이제는 '다르게' 보는 힘, 나만의 이야기로 해석하는 능력 그리고 나로부터 나오는 창조성이 필요하다.

AI 시대일수록 인간은 더욱 '인간다워져야 한다'.

창의력의 본질은 결과가 아니라 존재에서 나온다. 인간의 창의력에는 감정, 맥락, 고통, 질문과 삶의 무게가 함께 있다. AI는 '무엇을 만들지'는 알지만, '왜 만들었는지'는 모른다. 그건 인간만이 할 수 있는 질문이고, 인간만이 줄 수 있는 답이다. 나는 이 책을 통해 말하고 싶다. 당신은 이미 창의적인 존재다. 다만 잊고 있었을 뿐이다. AI 시대에 빛나는 것은 AI처럼 잘하는 능력이 아니라, 당신만이 느끼고 해석하고 표현하는, 깊고 인간적인 창의성이다. 그건 AI도 모르는 비밀이고, 어쩌면 당신도 몰랐던 당신의 가능성이다. 이 책이 그 가능성을 꺼내는 작은 열쇠가 되기를 바란다.

당신이 부모라면 아이 교육을 고민하는 마음으로,
창작자라면 앞으로의 작업을 고민하는 질문으로,
한 인간이라면 '나는 무엇으로 나일 수 있는가'를 찾는 진심으로,
이 책을 함께 읽어 주면 좋겠다.

이 길을 걸어오며 하나님께 감사했다.
이 책이 당신에게도 창의적 가능성을 발견하고,
창조하는 삶에 대해 깊이 생각해 보는 기회가 되길 바란다.

차례

책을 시작하며   5

1장 AI 시대에는 창의력이 경쟁력이다

AI 시대, 왜 지금 창의력에 주목해야 하는가?   12

창의력이 답이라면서? 창의력에 대한 모순적 태도   12

나 지금 떨고 있나? AI에 대한 두려움의 실체   13

지금 나에게 창의력이 정말 필요한가?
창의력에 대한 오해와 진실   18

창의력은 누구나! 반드시! 필요한 순간이 있다   32

창의력은 문제 해결의 필수 열쇠다   39

2장 창의력은 AI를 나만의 무기로 바꾼다

ATTA 성인용 토랜스 테스트(Abbreviated Torrance Test for Adults)를 통한 창의성 유형 분석   55

창의성 유형별로 생성형 AI를 활용한 실험:
〈고양이 마음 연구소〉   65

나의 창의성 유형을 알게 되면 AI 활용 방식은 이렇게 달라진다   108

3장 창의력은 세상을 바꾼다

불편할 때가 기회다   114
우리가 매일 쓰는 '찍찍이'의 탄생 이야기   114
2023 제임스 다이슨 어워드(The James Dyson Award) '골든 캡슐'   118
'쌀을 팔지 않는 쌀가게' 아코메야 도쿄   122

시선을 바꾸면 보인다: 창의성을 촉진하는 방법들   127
브레인스토밍(Brainstorming)   129
스캠퍼(SCAMPER)   140
여섯 색깔 생각하는 모자(Six Thinking Hats)   143
대안적 사용(Alternate Uses): '냅킨'   149
반대로 생각하기(Flipping)   152

창의성의 다른 해석   163
창의성은 순간의 불꽃이 아닌 꾸준한 불씨   163
창의성은 절대 평가가 아닌 상대 평가   171
창의력의 듀엣, 우뇌와 좌뇌   178

4장 창의력을 발휘하는 조직이 성공한다

창의적 구성원: PERSON 189
미쳐야 만든다, 'SpaceX(스페이스X)' 190

창의적 생각의 발전과 과정: PROCESS 197
'일단 만들어 봐'의 철학, Toss팀의 창의성 공식 199

창의적 환경: PRESS 202
지혜의 집 '바이트 알히크마' 203

데스커의 '워케이션(Workcation)-
환경의 힘으로 창의력을 깨우다' 207

창의적 산물: PRODUCT 212
대박 난 생수 판매 스토리, '리퀴드 데스(Liquid Death)' 213

다르게 봤더니 다르게 성공한 아이들 218

한국의 조직 창의성 특징 222
가만히 있으면 중간이라도 간다 222

모난 돌이 물길을 튼다 225

책을 마치며 232
참고 문헌 235

1장

AI 시대에는 창의력이 경쟁력이다

AI 시대, 왜 지금 창의력에 주목해야 하는가?

창의력이 답이라면서? 창의력에 대한 모순적 태도

여러 AI에게 질문을 던져 보았다.

"인간이 AI보다 나은 점이 뭐라고 생각해?"

ChatGPT, Claude, Gemini, Perplexity 등 다양한 생성형 인공지능들이 거의 입을 모아 '창의성'을 첫 번째로 꼽았다. 흥미롭게도 캠퍼스의 학생들, 조직이나 회사에 속한 직장인들 그리고 각기 다른 분야에서 활약하는 전문가들에게 같은 질문을 해 봐도 결과는 크게 다르지 않았다. 그들은 깊이 고민하지 않고도, 특별한 예외도 없이 '인간만의 창의성'과 '예술적 감성'을 인간의 가장 큰 장점으로 자신 있게 답했다. 인간과 테크놀로지 사이의 경계에서 우리의 창조적 본능이 여전히 우리를 특별하게 만든다는 데는 AI도, 우리 자신들도 이견이 없다.

그런데 이렇게 명확한 답이 있는데도 불구하고 정작 왜 창의성의 본질과 창의력 계발에는 관심이 없을까?

우리는 "창의력이 인간의 최고 무기"라고 열변을 토하면서도 코딩 강의만 들어 대거나, 새로 나온 생성형 AI 프로그램들을 탐험하는 데만 바쁜 모순덩어리일지도 모른다. 왜 그럴까? 답은 씁쓸하게도 단순하다. 창의력은 은행 앱에도 성적표에도 찍히지 않는 실체가 없는 것이고, 운동을 하면 근육이 늘어나듯이 노력하면 눈에 보이는 성과가 드러나는 것도 아니라고 생각하기 때문이다.

창의력은 우리가 숭배하는 모든 '숫자'와는 거리가 멀다. 통장 잔고, 학점, 분기별 KPI, 이것들은 모두 눈에 보이고, 자랑할 수 있고, 인증받을 수 있는 것들이다. 하지만 창의력? 그건 마치 유령처럼 존재하지만 증명할 수 없는 것이라고 생각한다. 그래서 우리는 빛나는 숫자들을 위해 창의력이라는 우리의 자산을 기꺼이 저당 잡히고 있는지도 모른다. 측정 불가능한 재능보다 증명 가능한 기술을 택한다. 그러면서도 인공지능 앞에서는 "우리에겐 창의력이 있잖아!"라며 가슴을 펴는 모순을 이제 해결해야 하지 않을까?

나 지금 떨고 있냐? AI에 대한 두려움의 실체

창의력이 우리의 미래를 지켜 줄 것이라고 말하면 고개를 갸우뚱할지 모르지만, 이것은 단순한 위로가 아닌 냉정한 현실이다. 생성형 AI가 우리의 일상을 파고드는 이 시대에서 창의력은 단순한 재능을 넘어 생존의 도구가 될 것이다.

WWW(World Wide Web)가 처음 등장하고 1990년 중반부터 급속도로 퍼지기 시작할 때를 기억한다. 그때도 사람들은 현재 AI 시대를 두려워하는 것과 비슷한 우려와 기대를 동시에 느꼈었다. 당시에도 기술 발전이 가져올 변화에 대한 불확실성과 부작용에 대한 우려가 컸는데, 지금과 몇 가지 공통점이 있다.

가장 큰 공통점은 인터넷이 보급되면서 기존 직업들이 사라질 것이라는 두려움이었다. 하지만 지금 현재를 보면 그때의 우려가 현실화되었을까? 인터넷의 보급은 오히려 새로운 일자리와 직업군, 전혀 예상치 못했던 미디어 플랫폼들을 만들어 냈다. 정보와 지식이 광범위하게 개방되어 많은 사람들의 시간과 노력을 절약해 주었기 때문에 그것을 바탕으로 새로운 시도들이 더 다양해질 수 있었다. 물론 사생활 침해라든가, 보안 문제 같은 문제점들은 지금처럼 여전히 남아 있지만 새로운 기술이 사회와 인간에게 미치는 영향은 논의와 대응의 영역이지 두려움의 영역은 아니라는 것이다.

AI의 시대라는 지금 역시 두려움이 먼저 우리를 찾아온다. 그중 가장 큰 두려움은 아마도 AI가 우리의 일자리를 대체한다는 데서 올 것이다. 어떤 직업이 가장 먼저 없어질지에 대한 얘기를 재미 삼아 해 본 경험이 다들 있을 것이다. 얼마 전 장례식장에서 동시통역사, 교수, 약사가 우연히 한자리에 앉아서 얘기를 나눈 적이 있다. '우리가 전문직이 되려고 한 공부가 얼만데 다 소용없게 되는 것 아니냐', '왜 당신의 직업보다 내 직업이 먼저 사라질 것 같냐'며 우스갯소리 아닌 우스갯소리를 하기도 했다.

AI가 점점 더 많은 작업을 자동화하고 간소화하면서 전문직, 비전문직을 막론하고 기존 직업을 잃게 되거나 변형될 가능성이 높아지고 있는 건 사실이다. 특히 반복적이고 규칙적인 작업은 AI가 더 효율적으로 처리할 수 있어, 직업 안정성을 위협받는다고 느끼는 것은 당연할지도 모른다.

그러다 보니 AI가 인간성을 대체할까 하는 우려도 생긴다. AI가 창작, 대화, 감정 표현 등 인간적인 활동을 점점 더 흉내 내는 데 성공하면서, 사람들이 자신만의 독창성이나 존재의 가치를 잃을까 두려워하기도 한다. 이와 함께 통제 불가능성에 대한 걱정도 있다. AI가 점점 더 복잡해지고, 스스로 학습하고 진화하면서 사람들이 예상하지 못한 방식으로 작동하거나, 인간의 통제를 벗어날 가능성에 대한 두려움이 있다. 이는 영화나 소설에서 다룬 'AI가 인간을 위협하는 미래', '기계한테 지배받는 인류'라는 이미지로 인해 더욱 심화된다.

프라이버시와 윤리적 문제 역시 간과할 수 없다. AI는 대량의 데이터를 수집하고 분석하는데, 이 과정에서 개인 정보가 유출되거나 악

용될 가능성이 있다. 또한 AI의 결정이 편향적이거나 비윤리적일 경우 그것을 신뢰하기 어려워지며, 불안감이 커진다. 이러한 이유들로 인해 사람들은 AI를 기술 발전의 이점으로 보기도 하지만, 그보다는 더 큰 두려움과 불신을 가지게 되는 것이다.

창의력이 답이 맞다: 인간 창의력의 독보적 가치

이렇듯 생성형 AI의 능력이 전방위적으로 맹위를 떨치고 있지만, 그 본질은 여전히 방대한 데이터를 기반으로 한 패턴 인식이다. 수백만 개의 이미지를 분석해 그림을 그리고, 수십억 개의 텍스트를 학습해 글을 쓴다. 생성형 AI는 기존 정보에서 학습한 패턴을 조합해 그럴듯한 결과물을 만들어 낼 수 있지만, 그 조합은 항상 이전에 존재한 것들을 전제로 한다.

이는 인간도 마찬가지다. 인간의 창의력 또한 완전히 무에서 유를 창조하는 것은 아니다. 하지만 인간은 기존의 정보를 넘어서기 위한 시도, 즉 기존에 없던 연결을 만들고, 상식과 논리를 일부러 깨뜨리고 비트는 시도를 통해 독창적인 아이디어를 탄생시킨다.

샤워 중에 떠오른 아이디어, 출퇴근 버스에서 스쳐 간 영감, 한밤중에 잠에서 깨어 순간적으로 떠오른 번뜩임 등 이처럼 맥락 밖에서 튀어나오는 창의적 발상은 알고리즘으로는 완전히 복제되기 어렵다. 이질적인 요소를 직관적으로 연결하고, 때로는 비합리적으로 보이는 생

각을 '감히' 밀고 나가는 것, 이것이 인간 창의력의 독특한 특성이다.

그렇기 때문에 AI가 많은 분야에서 자동화를 이루는 동안, 인간은 예술, 디자인, 스토리텔링과 같은 창의적 영역에서 경쟁력을 증명해야 한다. 우리의 직관과 상상력은 기술과 차별화되는 가치를 창출하는 기반이 된다.

더구나 창의력의 핵심에는 '목적'과 '의미'가 존재한다. 우리는 단순히 무언가를 만들어 내는 것이 아니라 왜 그것이 중요한지, 어떤 가치가 있는지를 고민한다. AI는 '무엇'과 '어떻게'라는 질문에 특화되어 있지만 '왜'라는 질문의 본질은 잘 꿰뚫지 못하는 경향이 있다.

미래의 직업 시장에서 우리가 안전하다고 말할 수 있는 위치는 예측 불가능한 창의적 사고를 요구하는 분야일 것이다. AI가 반복적이고 예측 가능한 작업을 대체하는 동안 인간은 계속해서 새로운 패러다임을 제시하고, 아직 존재하지 않는 문제를 발견하며, 전혀 다른 시각으로 세상을 바라볼 것이다.

결국 창의력은 AI 시대에 당신이 갖출 수 있는 가장 강력한 경쟁력이다. 그것은 단순한 생존 전략을 넘어 인간으로서의 정체성을 지키는 방패가 될 것이다. AI가 우리를 대체하는 것이 아니라, 우리의 창의력을 증폭시키는 도구가 되게 하라. 그것이 다가오는 AI 시대를 두려워하지 않고 맞이하는 방법이다. 이제부터 하나하나 창의력이 펼쳐 내는 가능성을 탐색해 보자.

지금 나에게 창의력이 정말 필요한가? 창의성에 대한 오해와 진실

창의력은 자랑하면 안 되나?

나는 강연이나 강의를 시작할 때 종종 이런 질문을 던져 본다. "자신이 창의력이 있다고 생각하는 분, 손을 들어 보세요."라고 질문을 던지면, 대부분의 한국인 청중들은 서로 눈치를 살피며 아무도 손을 들지 않는다. 반면 같은 자리에 있는 외국 학생들은 주저 없이 손을 번쩍번쩍 들어 올리는 경향이 많다.

그래서 나는 질문을 바꿔 본다. "한국 성인 남성의 평균 키는 대체로 남성은 173cm, 여성은 160cm 정도입니다. 자신이 평균보다 키가 크다고 생각하시는 분?"이라고 물으면 상황이 달라진다. 갑자기 여기저기서 손이 올라간다. 우스갯소리로 한국 남자들은 169cm부터 175cm까지 모두 자신의 키를 "175입니다."라고 말하고, 여자들은 155cm부터 160cm까지 모두 "160이요."라고 말한다는 농담이 있을 정도다.

줄자만 들이대면 바로 진실이 드러나는 키에 대해서는 이렇게 관대하게 상향 조정을 하면서도, 정작 창의력처럼 명확한 측정 기준도 없고 객관적으로 판단하기 어려운 능력에 대해서는 왜 그렇게 인색한 것일까? 줄자로도 측정할 수 없는 창의력을 '나는 가지고 있다'고 주장하는 것이 왜 그렇게 어려운 일이 되었을까? 키는 조금 부풀려 말해도

웃어넘길 수 있는데, 창의력은 스스로에게도 인정하기 어려운 이런 현상이 안타깝다. 우리 모두가 태어날 때부터 가지고 있는 이 소중한 능력에 대한 오해가 너무나 깊게 뿌리 내리고 있는 것이다.

'창의력', '창의성', '창조', '창의'… 아마도 우리 삶의 도처에서 듣고 보고 하는 흔한 말 중 하나일 것이다. 창의 수학, 창의 놀이, 창의 논술, 창의 미술…. 독자들은 이런 학원을 한 번쯤은 다녀 봤을 것이고, 자녀가 있는 사람이라면 자녀들을 보내 봤을 것이다. '창조관' 역시 대학교에 하나씩은 있는 건물 아닐까? '창의적인 인재' 또한 대부분의 기업들이 구하는 사원의 조건에 포함되어 있다. 대학교, 기업, 교육 기관, 교육 정책에서 너무나도 흔하게 사용되는 말이다.

그렇다면 그건 좋은 것이니까 사람들이 많이 쓰고, 모두가 갖고 싶어 하는 것이라고 해석해도 되지 않을까? 그런데 왜 그토록 자주 말하면서도, 정작 사람들에겐 매력적으로 다가오지 못할까?

창의력은 초능력이 아니다

이 역설적인 상황은 우리가 '창의력'이라는 개념을 어떻게 이해하고 있는지를 단적으로 보여 준다. 우리는 '창의력'을 마치 특별한 사람들만 가진 초능력처럼 신화화하고 있다. 마치 피카소나 스티브 잡스 같은 천재들만의 전유물로 여기는 것이다. 그래서 사람들은 창의력을 갖고 싶어 하면서도, 자신이 그런 능력을 가졌다고 인정하기를 꺼려한다.

사실 창의력은 우리 모두가 일상에서 문제를 해결하며 자연스럽게 발휘하는 능력이다. 아이가 블록으로 새로운 형태를 만들 때, 주부가 남은 재료로 새로운 요리를 시도할 때, 회사원이 업무 프로세스를 개선할 때도 창의력은 작동한다. 하지만 우리는 이런 작은 창의적 순간들을 인정하지 않고, 대신 거대하고 혁신적인 창조만을 '진짜 창의력'으로 여긴다.

이러한 오해가 바로 창의력에 대한 우리의 양가적 태도를 만들어 낸다. 모두가 원하지만 나랑 상관없는 것이라고 외면하고 잊어버리거나, 아무도 자신이 가졌다고 자신 있게 말하지 못하는 것이다. 지금부터 그런 오해들을 하나하나 파헤쳐 보고, 얼마나 제대로 알고 있지 못했는지 함께 체크해 보자.

창의성에 대한 오해는 창의성에 관한 잘못된 대중적인 믿음이라고 할 수 있다. 사실 창의성에 대해 잘 알고 있지 못하지만 알고 있다고 생각하며 잘못 알고 있는 경우가 종종 있다. 마티아스 베네덱과 11명의 학자들이 2021년에 발표한 연구에 의하면(마티아스 베네덱 외 11명, 2021, 「창의성 신화: 창의성에 대한 오해의 보편성과 상관관계」, Personality and Individual Differences, 182, Article 111068. DOI:10.1016/j.paid.2021.111068), 대중들은 창의성에 대해 여전히 지속적이고 광범위한 편견을 가지고 있는데, 특히 창의적 성취의 근거를 전문성이나 노력, 끈기보다는 즉흥성이나 우연의 결과로 보는 경향이 많다고 한다. 여러 나라의 사회·문화적 배경이 창의성에 대한 오해에 영향을 미친다고 연구 결과는 말한다. 낮은 교육 수준, 불확실한 정보에 쉽게 휘둘리고 비판적 사고력이 부족하여 타인의 의견에 쉽게 동조하는 성격적 특성이 특히 영향을 준다고 한다.

나는 창의성에 대해서 얼마나 알고 있을까? 얼마나 잘못 이해하고 있을까?

다음에는 베네덱 외의 연구자들이 2021년에 발표한 창의성에 대한 오해 항목들 중 일부다. 이는 과학적 증거로 뒷받침되지 않는 대중적 믿음을 나타내는 문항들이다. 또한, 반대로 많은 연구 결과들이 지지하고 있는 창의성에 대한 설명들도 함께 보여 준다. 여러분이 창의성에 대해 얼마나 알고 있는지 한번 점검해 보길 바란다.

다음의 문항들을 읽고, 각 항목에 대해 동의하면 '그렇다', 동의하지 않으면 '아니다'에 표시해 주길 바란다.

	그렇다	아니다
1. 창의적인 성과는 대개 갑작스러운 영감의 결과다.	☐	☐
2. 문제에서 막혔을 때, 잠시 휴식을 취한 후 계속 작업하는 것이 도움이 된다.	☐	☐
3. 창의적 사고는 주로 뇌의 오른쪽 반구에서 일어난다.	☐	☐
4. 창의적인 사람들은 보통 새로운 경험에 더 개방적이다.	☐	☐
5. 창의성은 본질적으로 예술과 같다.	☐	☐

6. 첫 번째로 떠올린 아이디어가 종종 최고의 아이디어는 아니다. ☐ ☐

7. 사람은 완전한 자유 상태에서 가장 창의적이다. ☐ ☐

8. 창의성은 드문 재능이다. ☐ ☐

9. 남성과 여성은 일반적으로 창의성에서 차이가 없다. ☐ ☐

10. 사람들은 특정 양의 창의성을 가지고 있으며,

    이를 바꾸기 위해 할 수 있는 일은 많지 않다. ☐ ☐

11. 창의성이란 시대정신과 사회적 규범에 따라

    다르게 평가될 수 있다. ☐ ☐

12. 뛰어난 창의성은 대개 정신건강 문제와 동반된다. ☐ ☐

13. 긍정적인 기분은 보통 창의적인 아이디어를 얻는 데 도움을 준다. ☐ ☐

14. 창의성은 측정할 수 없다. ☐ ☐

15. 아이들은 어른보다 더 창의적이다. ☐ ☐

16. 창의적 아이디어는 일반적으로 기존 정보를

    새로운 방식으로 결합하여 만들어진다. ☐ ☐

17. 창의적이라고 여겨지려면 새롭고 유용(또는 적절)해야 한다. ☐ ☐

18. 창의성은 수학적 사고의 중요한 부분이기도 하다. ☐ ☐

19. 창의성은 대체로 혼자 하는 활동이다. ☐ ☐

20. 어떤 분야에서 창의적 돌파구를 이루기 위해서는(예: 성공적인 소설 출간)

    일반적으로 최소 10년의 연습과 노력이 필요하다. ☐ ☐

*참고 문헌: Benedek, M., Karstendiek, M., Ceh, S. M., Grabner, R. H., Krammer, G., Lebuda, I., … & Kaufman, J. C. (2021). Creativity myths: Prevalence and correlates of misconceptions on creativity

베네덱 외(2021)의 연구에서는 창의성에 대한 내용을 '신화 또는 오해(myths)'와 '사실(facts)'로 구분하여 제시하고 있다. 그러나 사회과학적 연구의 특성상, 이러한 구분을 모든 개인이나 상황에 일괄적으로 적용되는 절대적인 규칙으로 받아들여서는 안 된다.

이 연구에서 제시된 '오해'와 '사실'을 단순히 '맞다/틀리다'의 이분법적 개념으로 받아들이기보다는, 창의성에 대해 아직 충분히 연구되거나 검증되지 않은 내용을 우리가 얼마나 믿고 있는지를 성찰해 보는 것이 더 중요하다. 이러한 관점에서 볼 때 베네덱 외의 연구는 창의성에 대한 보다 정확한 이해를 위해 우리가 어떤 사고의 틀을 가져야 하는지를 시사한다. 우리가 가진 믿음이 과학적 근거와 얼마나 일치하는지를 점검하고, 창의성이 지닌 복잡하고 다면적인 특성을 폭넓게 인식하는 것이야말로 창의적 잠재력을 키우는 데 더 큰 도움이 될 것이다.

각 문항에는 '그렇다' 또는 '아니다'에 따라 점수가 부여된다.
'팩트(fact)' 항목에는 '그렇다'에 1점이, '오해(myth)' 항목에는 '아니다'에 1점이 주어진다. 총점이 높을수록 창의성에 대한 이해도가 높은 것으로 간주된다.

	그렇다	아니다
1. 창의적인 성과는 대개 갑작스러운 영감의 결과다.	0	1
2. 문제에서 막혔을 때, 잠시 휴식을 취한 후 계속 작업하는 것이 도움이 된다.	1	0
3. 창의적 사고는 주로 뇌의 오른쪽 반구에서 일어난다.	0	1
4. 창의적인 사람들은 보통 새로운 경험에 더 개방적이다.	1	0
5. 창의성은 본질적으로 예술과 같다.	0	1
6. 첫 번째로 떠올린 아이디어가 종종 최고의 아이디어는 아니다.	1	0
7. 사람은 완전한 자유 상태에서 가장 창의적이다.	0	1
8. 창의성은 드문 재능이다.	0	1
9. 남성과 여성은 일반적으로 창의성에서 차이가 없다.	1	0
10. 사람들은 특정 양의 창의성을 가지고 있으며, 이를 바꾸기 위해 할 수 있는 일은 많지 않다.	0	1
11. 창의성이란 시대정신과 사회적 규범에 따라 다르게 평가될 수 있다.	1	0
12. 뛰어난 창의성은 대개 정신건강 문제와 동반된다.	0	1
13. 긍정적인 기분은 보통 창의적인 아이디어를 얻는 데 도움을 준다.	1	0
14. 창의성은 측정할 수 없다.	0	1
15. 아이들은 어른보다 더 창의적이다.	0	1

16. 창의적 아이디어는 일반적으로 기존 정보를
    새로운 방식으로 결합하여 만들어진다.　　　　　1　0
17. 창의적이라고 여겨지려면 새롭고 유용(또는 적절)해야 한다.　1　0
18. 창의성은 수학적 사고의 중요한 부분이기도 하다.　　1　0
19. 창의성은 대체로 혼자 하는 활동이다.　　　　　　0　1
20. 어떤 분야에서 창의적 돌파구를 이루기 위해서는(예: 성공적인 소설 출간)
    일반적으로 최소 10년의 연습과 노력이 필요하다.　　1　0

창의성 체크리스트 셀프 채점 이렇게 한다

각 문항에는 점수가 부여되어 있으며, 응답자는 자신이 선택한 답변에 해당하는 점수만을 합산한다. 이를 통해 창의성에 대해 얼마나 정확하게 이해하고 있는지를 총점으로 확인할 수 있다. 점수가 높을수록 창의성에 대한 이해도가 높다고 판단할 수 있다.

*오해 항목: 1번, 3번, 5번, 7번, 8번, 10번, 12번, 14번, 15번, 19번
*팩트 항목: 2번, 4번, 6번, 9번, 11번, 13번, 16번, 17번, 18번, 20번

0점-5점 창의성! 그거 먹는 건가요?
(창의성에 대한 무지와 오해가 가득! 진실을 파헤칠 시간이 필요함)
6점-10점 창의성! 그것이 알고 싶다
(창의성에 대한 몇 가지 진실을 알지만, 여전히 오해 속에서 헤매고 있음)
11점-15점 창의성! 그 문은 열렸다
(창의성에 대한 이해도가 높아지고 있음! 하지만 아직 몇 가지 오해를 극복해야 함)
16점-20점 창의성! 그것은 나의 힘
(창의성에 대한 오해를 완전 해소하고, 자유로운 사고를 펼치는 중)

당신의 창의성 이해도는 몇 점인가? 우리는 '창의성'에 대해 생각보다 많은 오해를 하고 있거나, 어쩌면 아예 '창의성'에 대한 생각이 없었던 것은 아닌가? 여기저기에서 미래에 필요한 핵심 역량이라고 말하지만 정작 "창의적인 사람"이 환영받지 못할 수도 있다는 사회의 직간접적인 영향으로 형성된 그릇된 믿음으로 인해, 의도적으로 또는 나도 모르게 창의성에 무관심했을 수 있다.

"Creativity! It's good, but not for me."

사람들이 창의성에 대해 가장 많이 오해하는 항목들을 살펴보면 다음과 같다. 일반 대중은 창의성에 대해 우연성이나 아이 같은 자유로운 행동을 과대평가하는 경향이 있다. 반면에, 꾸준한 노력, 자기조절 능력, 그리고 오랜 시간 쌓아온 숙련된 기술이나 깊이 있는 지식처럼 창의성을 뒷받침하는 힘들은 종종 간과한다.

- 창의성은 측정할 수 없다.
- 창의성은 드문 재능이다.
- 창의적인 성과는 대개 갑작스러운 영감의 결과다.
- 아이들은 어른보다 더 창의적이다.

창의성=독창성은 아니다?

'창의적이라고 여겨지려면 새롭고 유용(또는 적절)해야 한다'는 정의는 가장 널리 받아들여지는 창의성의 핵심 기준이다. 여기에서 중요한 것은 이 두 요소가 항상 같은 비중으로 작용하지는 않지만, 일반적으로 창의성 판단에는 둘 다 고려되어야 한다는 점이다. 창의적인 결과물이나 아이디어는 문화적·사회적 맥락에 따라 다르게 해석될 수 있다. 어떤 문화는 독창성을, 다른 문화는 사회적 수용 가능성을 더 중요하게 여길 수 있다. 창의성의 본질은 기존의 경계를 넓히고, 새로운 관점을 제공하며, 우리가 직면한 문제들에 대한 혁신적인 해결책을 제시하는 데 있다. 하지만 일반적으로 사람들은 창의성을 '새로운 것'으로만 오해하곤 한다. 참신하고 독특한 아이디어만이 창의적이라고 여기는 경향이다. 그러나 창의성은 단순히 독창성에 국한되지 않고, 유용성과 문화적 적절성 또한 포함한다. 결국 창의적인 아이디어는 새롭기만 한 것이 아니라 실질적으로 유익하고 맥락에 맞을 때 진정한 의미의 창의성으로 인정받을 수 있다. 이는 창의성을 보다 실용적이고 포괄적인 관점에서 이해하는 데 도움을 준다.

많은 사람들은 창의성이 주관적이고 눈에 보이지 않는 특성 때문에 측정하기 어렵다고 생각하는 경향이 있다. 그러나 학자들에 의하면, 창의성은 다양한 방법으로 측정 가능하다. 2장에서 자세히 다루겠지만, 현재 전 세계적으로 가장 많이 쓰이는 검사로는 1960년대 폴 토랜스 박사(E. Paul Torrance)가 개발한 '토랜스 창의적 사고력 검사(TTCT-Torrance Tests of Creative Thinking)'이다. 고대에는 창의성을 '신이 특별한 사람에게 내려 준 영감'이라고 생각하였지만, 현대에 들어서면서 창의성을 개인의 보편적으로 내재된 잠재력으로 보고, 이를 개발하고 교육을 통해 향상시킬 수 있다는 관점이 널리 받아들여지게 되었다.

"본인의 창의성에 대해 알고 싶지 않나요?"라는 물음에 대부분의 성인들은 "창의성이야 아이들한테나 해당되는 거죠. 우리는 이미 다 성장한 어른인걸요."라는 대답을 한다. 어린이들은 규칙이나 제약에 대해 덜 얽매이고 자유로운 사고를 하기 때문에 어른들보다 더 창의적일 것이라고 생각하지만, 사실은 그렇지 않다. 이 말은 '어른들이 더 창의적이다'라고 주장하는 것도 아니다. 연구에 따라 다양한 결과들이 나오지만, 중요한 것은 어른도 창의적이고 지속적으로 창의력을 계발할 수 있다는 것이다. 실제로 어른들은 전문성, 지식과 경험을 바탕으로 보다 복잡하고 혁신적이며 창의적인 아이디어를 낼 수 있다. 창의성은 나이에 관계없이 발전시킬 수 있는 능력이며, 다양한 방식으로 표현될 수 있는 것이다.

'이 창의력이 내 창의력이다'라고 왜 말을 못 해?

특히 우리 사회는 '창의력'에 대해 매우 이중적인 태도를 보인다. 창의력의 중요성은 인지하지만, 동시에 이를 원하지 않는 경향도 있다. 한국 사회에서 창의력을 원하지 않는 데는 여러 가지 사회적, 교육적, 문화적 요인들이 복합적으로 작용한다. 창의력은 새로운 기회를 제공하는 동시에 조직이나 시스템에 위험을 수반한다고도 생각한다. 뚜렷한 위계질서를 가지고 있는 우리의 문화 속에서는 새로운 아이디어나 시도가 기존 권위를 도전하는 것으로 여겨질 수 있어 이를 수용하는 데 어려움을 느낄 수 있다. 창의적인 아이디어가 변화를 일으킬 가능성이 있지만, 기존 질서를 흔들 수 있어 이를 거부하는 경향이 나타날 수 있다는 것이다. 또한 안정성과 전통을 중요하게 여기는 사회적 경향도 창의력을 억제하는 요인 중 하나다. 많은 사람들이 새로운 아이디어나 방식을 도입하는 것을 불안하게 느낄 수 있으며, 전통과 안정성을 유지하려는 경향이 강하게 작용하기도 한다. 이러한 분위기에서는 창의적인 시도가 충분히 환영받기 어려운 것 또한 사실이다. 마지막으로, 한국 사회는 실패에 대한 두려움이 큰 편이다. 창의적인 시도는 실패할 가능성이 높지만, 이를 용인하고 다시 도전하는 문화보다는 실패에 대해 낙인이 찍히는 경우가 많다. 실패를 두려워하는 사회적 분위기는 사람들로 하여금 새로운 아이디어를 시도하는 것을 주저하게 만들기도 한다. 이러한 사회적 분위기와 개인의 인식도 크게 다르지 않다. 특정 직업군을 제외하고는 창의력이 자신의 일에 직접적인 이익을 가져오지 않거나 자신과는 무관한 일로 여기는 경우가 대부분이다. 자신이 얼마나 창의적인 사람인지 궁금해하지 않으며, 그것을 꼭 알아야 할 필요성조차도 느끼지 않는다. 사람들은 흔히 MBTI 같은 성격 유형 검사를 통해 자신과 타인들을 이해하려고 하지만, 창의력에 대해서는 그만큼의 관심을 두지 않는다.

실제로 창의력 관련 수업이나 강연에서 자주 듣는 이야기들이 있다. 기업이나 기관의 직원들은 창의력에 대해 주로 이런 말들을 한다.

"저는 창의력이 없어요. 있다고 생각해 본 적도 없어요."

"제가 하는 일에 창의력이 굳이 필요할까요?"

"시키는 것만 잘해도 중간은 가는데, 새로운 걸 시도하다가 욕만 먹어요."

반면, 임직원들은 이렇게 말한다.

"본인이 창의적이라고 생각해서 너무 튀는 사람들은 조직 분위기를 망치는 경우가 많아요."

"실현 가능성이 없는 무의미한 아이디어들은 실질적인 도움이 되지 않아요."

"괜히 창의성을 강조했다가 기존 시스템이 무너지고 효율성이 떨어집니다."

이러한 의견들은 창의력에 대한 현실적인 고민과 엇갈린 인식을 보여 준다.

그럼에도 불구하고 우리가 창의력에 주목할 수밖에 없는 이유는, 빠르게 발전하는 테크놀로지에 맞서 인간만이 발휘할 수 있는 고유한 능력이기 때문이다. 특히 과학과 기술 분야에서는 단순한 기술적 진보를 넘어, 창의적인 접근이 새로운 발견과 혁신을 이끌어 내는 중요한 열쇠가 된다. 창의적인 사고는 복잡한 문제를 풀고, 새로운 방법론을 제시하는 데 필수적이다. 이러한 이유로 창의력은 현실적인 고민에도 불구하고 포기할 수 없는 중요한 자산이다.

창의력이 뭔가 대단하고, 기존에 없던 새로운 것만을 만들어 내거나 위대한 예술품을 창조하는 일이라는 오해도 이러한 불편한 인식에 한몫을 한다. 그러나 사실 우리는 일상 속에서 인식하든 못하든, 끊임없이 창의적인 질문을 던지고 결정을 내린다. 창의력은 거창한 결과물이 아닌, 문제를 해결하는 작은 순간에도 발휘되며, 이는 우리의 일상과 업무 속에서 자연스럽게 나타나는 능력이다. 일상에서 창의력이 가장 빠르게 발휘되는 경우 중 하나는 거짓말을 할 때다. 위기나 문제에 직면하면 이를 회피하거나 축소·은폐하려는 과정에서 즉각적인 창의력이 작동한다. 거짓말이 문제를 해결하는 경우는 거의 없지만, 그 순간만큼은 본능적으로 빠르고 기발한 방식으로 상황을 모면하려는 창의적인 사고가 발휘되는 것이다. 아침에 눈을 떴는데 회사나 학교에 가기 싫을 때, 혹은 배우자나 연인을 살짝 피해 혼자 놀러 나가고 싶을 때 또는 자신의 실수를 들키고 싶지 않을 때, 이런 순간들은 누구에게나 익숙할 것이다. 장례식 핑계를 대기 위해 몇 번이나 '돌아가신' 친척 아저씨가 있다면, 그분은 참으로 긴 인생을 사셨을지도 모른다. 멀쩡히 새것으로 샀지만 마법처럼 중고가 되어 버린 물건도 집안에 하나쯤은 있을 것이다. 이런 일상의 작은 거짓말에서조차 우리는 순간적으로 기발한 창의력을 발휘하며, 그 순간의 위기를 모면해 나간다.

창의력은 누구나! 반드시! 필요한 순간이 있다

창의력은 이처럼 우리가 눈치채지 못하는 사소한 순간에도 발휘된다. 그 본질은 간단하다. 우리가 마주하는 문제를 인식하고 해결하는 모든 순간에 창의력이 필요하며, 실제로 우리는 이를 꾸준히 사용하고 있다는 점이다. 각자는 저마다의 방식으로 문제를 해결하려 하고, 서로의 방식을 이해할 수 있다면 공동의 문제 해결 과정에서 큰 시너지를 발휘할 수 있다. 그러나 서로의 차이를 이해하지 못하면 갈등이 발생하고, 이는 문제 해결로 이어지지 않는 경우가 많다. 결국, 이러한 갈등은 조직 전체의 수행 능력과 효율성에도 큰 영향을 미치게 된다.

그래서 각자 자신이 어떻게 문제를 보고 해결하는지, 다시 말해, 얼마나 창의적인 사람인지 그리고 어떤 창의성 유형을 가지고 있는지 아는 게 중요하다. 이건 무슨 일을 하든, 어떤 조직에 속해 있든, 창의력은 누구에게나 필요한 능력이라는 뜻이기도 하다. 왜냐하면 문제는 어디에서든 나타나고, 특히 사람들과 어울려 지내는 사회생활 속에서는 더 복잡한 문제들이 많이 생기기 때문이다. 이런 상황에서 자신의 창의적 능력을 잘 이해하고 활용하면 개인적으로도 그리고 조직적으로도 훨씬 더 좋은 결과를 만들어 낼 수 있다. 자신이 발휘하는 창의력의 유형을 알면 조직에서 가장 적합한 역할을 찾을 수 있음은 물론이다. 예를 들어 다양한 아이디어를 생각해 내는 창의력이 뛰어난 사람이면 브레인스토밍이나 새로운 프로젝트 기획에 적합하고, 머릿속의 생각을 구체화하는 창의력이 강하면 아이디어를 실현하는 일에 더 효과적일 수 있다. 문제점을 잘 인식하고 해결책을 내는 창의력을 가진 사람은 위기 상황에서 강점을 발휘할 수 있지만, 반복적인 업무에서는 동기를 잃을 수도 있다. 전체적인 맥락을 파악하는 데 익숙한 창의력을 가진 사람은 큰 그림을 보는 데 능하고, 이를 통해 혼란스러운 상황을 체계적으로 정리할 수 있을 것이다. 일상에서도 예상치 못한 문제나 위기를 마주했을 때, 사람들은 저마다 다른 방식으로 문제를 해결하려 한다. 이때 주변의 친구나 동료, 가족들이 위기 상황에서 어떤 대처 방식을 사용하는지 알게 되면 문제를 과도하게 확대하거나 오해를 일으키지 않고 효과적으로 해결할 수 있다.

최근 내가 겪은 일본 여행에서 있었던 일이다. 총 4명이 함께한 여행이었는데, 그중 2명은 매우 친한 사이였고, 나머지 2명은 처음으로 함께 여행을 간 사이였다. 그래서 여행 내내 서로 조심하고 배려하는 분위기가 있었다. 셋째 날, 매우 피곤한 일정을 마친 후, 택시를 타고 나가 쇼핑과 저녁 식사를 하자는 그룹과 호텔 근처에서 간단히 먹고 쉬자는 그룹으로 의견이 갈렸다. 많은 사람들이 공감하겠지만, 이런 상황에서 피곤과 짜증이 겹쳐 다툼으로 번지기 쉽다. 친한 친구들끼리도 여행 중 다툼이 생기기 마련인데, 이번에는 처음 함께 여행하는 두 명의 변수까지 있었다.

결국 쇼핑몰에 가자는 의견이 받아들여져 택시를 타고 나갔지만, 쇼핑을 마치고 나와 보니 예고에 없던 폭우가 쏟아지고 있었다. 이미 피곤한 데다 배는 고프고, 쇼핑몰은 문을 닫을 시간이라 식당을 찾아야 했다. 비는 쏟아지는데 우산도 없었고, 설상가상으로 일본어를 할 줄 아는 사람도 없어서 택시도 잡을 수 없는 상황이었고, 폭우로 인해 택시 정류장엔 한 대의 택시도 들어오지 않았다. 말 그대로 모든 문제들이 재앙 콤보로 눈앞에 다가왔다. 여러분이라면 이런 상황에서 어떻게 해결책을 찾을 것인가?

창의력 유형 분석 부분에서 나중에 자세히 다루겠지만, 문제 해결 접근 방식은 크게 혁신형과 적응형으로 구분할 수 있다. 적응형은 안정성을 중시하는 경향이 있어 기존의 구조나 시스템 안에서 문제를 해결하려는 방식을 선호한다. 반면 혁신형은 새로운 방법을 찾으려 하며, 기존의 틀이나 규범에 도전이 되더라도 비전통적인 해결책을 모색하는 성향이 있다. 우리 네 명은 각각 어떤 유형의 문제 해결 접근 방식을 택했을까?

나는 우선 택시를 불러서 식당을 찾아가는 게 급선무라고 판단했다. 일본 시골에서는 우버나 앱으로 택시를 부르는 게 어렵다는 경험이 있었기에, 주위를 둘러보며 도움을 줄 사람을 찾기로 했다. 참고로 나는 뚜렷한 혁신형의 유형이다. 그래서 당시에는 의식하지 못했지만 외부에서 문제 해결 방법을 찾으려고 했던 것 같다. 구글 번역기를 켜고, 비를 피하고 있던 사람들 중 혼자 있고 여유 있어 보이는, 유니폼을 입은 여성에게 다가가 도움을 요청했다. 제복을 입은 사람들은 대체로 도움에 인색하지 않다. 그녀는 나의 예상처럼 적극적으로 도와주려 했고, 여러 택시 회사에 전화를 걸어 줬지만 결국 택시는 잡히지 않았다.

내가 이렇게 밖에서 도움을 구하는 동안, 친한 친구는 쇼핑몰이 문 닫기 전에 우산을 사야 한다며 재빨리 몰 안으로 뛰어 들어갔다. 창의력 테스트를 해 보지는 않았지만 오랫동안 봐 온 바로는 전형적인 적응형에 가까운 유형인 친구여서 문제에 대응할 준비를 갖추는 방법, 즉 비를 가릴 우산을 구비해 놓는 방법을 제일 먼저 떠올렸을 것이다. 다른 친구는 그룹에서 막내여서 지도나 검색을 주로 담당하는 역할이었는데, 우버가 먹통이 되자 잠시 멘붕에 빠졌다가 호텔에 전화를 걸어 택시를 불러 달라는 아이디어를 냈다. 물론 호텔에서도 택시는 잡히지 않았지만, 이 친구는 끝까지 핸드폰으로 할 수 있는 대안을 찾고 있었다. 나머지 한 친구는 "쇼핑몰 건너편 큰길로 나가면 택시든 식당이든 있겠지!"라며 우산이 오면 일단 나가 보자고 했다. 뭐라도 찾아낼 수 있을 것 같다며 낙관적이고 모험적인 태도를 보였다.

우산을 사러 갔던 친구가 돌아왔을 때쯤, 비가 조금씩 그치기 시작했다. 그래서 우리는 큰길로 나가 보기로 했다. 비록 택시는 없었지만 다행히 식당을 발견했고, 그곳에서 저녁을 먹기로 했다. 불행 중 다행으로 그 식당은 3대째 이어져 내려오는 장인의 소바집이었다. 모두가 맛있는 식사에 행복해졌고, 식사를 마칠 때쯤엔 비도 완전히 그쳐서 식당에서 불러 준 택시를 타고 호텔로 돌아올 수 있었다.

이 혼란스러운 상황에서도, 다행히도 우리 일행은 각자의 방식으로 문제를 해결하려 했다는 점에 주목할 필요가 있다. 외부의 도움을 구한 나와 큰길로 나가 보자는 친구는 혁신적인 유형들이 선택할 법한 접근을 택했고, 우산을 사고 우버 및 호텔을 담당한 친구들은 적응형에 가까운 해결 방식을 취했다. 각자 다른 방법을 사용했기에 해결의 옵션이 더 많아졌고, 그 덕분에 문제를 해결할 수 있는 가능성도 높아졌다.

무엇보다도, 내가 감사한 점은 위기 상황에서 누구도 탓을 하거나 불평하지 않았다는 것이다. 만약 직장이나 학교에서 이런 상황이 벌어졌다면 "이거 누가 하자고 했어?", "누가 책임질 거야?", "내가 안 된다고 했잖아!", "하지 말자고 했지." 같은, 누구나 한 번쯤은 들어 봤을 익숙한 말들이 나왔을 수 있다. 이런 말 한마디면 분위기가 급속히 냉각되고, 갈등이 일어나는 것은 순식간이다. 문제를 해결하는 것보다 책임 소재를 따지거나, 대안 없는 불평과 불만을 쏟아 내는 데 더 집중하게 되는 경우가 많다. 그러면 상황은 더 복잡해지고, 해결은 더 멀어지기 마련이다.

반면, 우리 여행에서는 각자 다른 방식으로 해결책을 찾아보려는 노력이 있었기에 갈등을 피하고 상황을 잘 마무리할 수 있었다. 창의적이고 성숙한 조직에서는 무엇보다 먼저 문제 해결에 집중한다. 서로 다른 해결 방식을 존중하고, 다양한 방법을 시도하면서 해결 가능성을 높여 간다. 결국 맛있는 소바와 규동을 먹고, 비가 그친 시원한 밤거리를 콧노래를 부르며 걷게 되는 건 문제 해결 능력을 가진 사람들만이 누릴 수 있는 특권이다.

이처럼 사람마다 문제를 바라보는 관점과 대처 방식이 다르다. 어떤 사람은 신속히 행동으로 옮기고, 어떤 사람은 차분히 분석하거나 감정적으로 소통을 통해 문제를 해결한다. 이를 미리 이해하면 각자의 역할을 조화롭게 분배할 수 있다. 특히 위기 상황에서는 서로의 해결 방식이 맞지 않을 경우, 오해나 갈등이 생길 수 있다. 예를 들어, 행동 중심적인 사람은 지나치게 신중한 태도를 답답하게 여길 수 있다. 하지만 서로의 스타일을 이해하면 이런 갈등을 줄이고 긍정적으로 협력할 수 있다. 문제 해결 과정에서 각각의 특성을 활용해 효율적으로 대응할 수 있는 것이다. 결국 그것이 관계를 더욱 단단하게 만들고, 서로를 신뢰할 수 있는 기반을 마련한다.

AI에게 물어보았다 1
<언어를 모르는 여행지에서 예상치 못한 큰 비를 만났을 때>

1차적 질문과 답변: 내가 겪은 상황을 그대로 설명하고 어떻게 해야 할지 물어봤다.
일본 여행 중에 쇼핑몰은 곧 문을 닫고, 밖에는 갑자기 폭우가 쏟아져 택시는 잡히지 않고, 누구도 일본어를 못하는데 배가 몹시 고프고 피곤해. 어떻게 해야 할까? — '도움을 청해라', '쇼핑몰 주차장에 머물러라', '배달 음식을 시켜라' 등 다소 뻔한 방법들을 반복 제시한다.

2차적 질문과 답변: '피곤하다', '짜증 난 상황이다', '배가 많이 고프다', '비가 언제 그칠지 몰라서 패닉이다'등 감정적인 조건 및 '주차장에 머무르고 싶지 않다', '오래 걷고 싶지 않다'는 등 호불호의 조건을 여러 차례 주니 이런 최종 정리된 답을 내놓았다.

3차 최종 정리
1. 쇼핑몰 문 닫기 전에 우산 구입 또는 대피 공간 파악
2. 근처 레스토랑 검색 및 이동 가능성 확인
3. 택시 앱 또는 배달 음식 활용
4. 필요시 24시간 대피 장소로 이동
5. 팀원 간 역할 분담으로 효율적 해결

생성형 AI는 이런 답은 못 한다
- AI는 원하는 답을 내놓기까지는 많은 프롬프트가 필요했고, 2차적인 피드백과 평가를 줘야 좀 더 구체적인 답을 제시한다. 결국은 답을 내기는 하지만 즉각적인 해결책을 내지 못했다. 급박한 상황이거나 위기 상황일 때 대안을 제시하는 데 어려움을 겪거나 시간이 걸린다.
- AI는 사람들의 감정과 상황에서 발생하는 문제들을 공감하지 못한다. 문제 발생 상황에서 연관된 사람들 간의 미묘한 신경전이나 감정은 파악하지 못하고, 감정을 설명해도 "감정적보다는 이성적인 대화로 해결해 보세요."같은 피상적인 방법들만 반복한다.
- AI는 문제를 연결시키지 못한다. 근처 식당의 리스트는 빨리 찾아내지만 폭우를 뚫고 걸어가야 하는 상황, 쇼핑한 물건들을 들고 가야 하는 상황, 몹시 피곤한 상황, 일본어를 못하는 상황 등을 고려한 리스트를 먼저 제시하지는 못한다.

창의력은 문제 해결의 필수 열쇠다

창의력과 문제 해결 능력은 서로 깊은 관련이 있다. 창의력이 다양한 시각에서 문제를 바라보며, 새로운 방법을 제시하고 만들어 내는 능력이라고 한다면, 문제 해결 능력은 이러한 창의력을 통해 특정 상황에서 문제점을 해결하기 위해 방법을 찾아 목표를 달성하는 능력이다. 그렇기 때문에 문제 해결 과정에 있어서 다양하고 새로운 아이디어를 낼 수 있는 창의력은 더 나은 혁신적인 해결책을 찾는 데에 큰 도움이 된다. 이러한 관계를 볼 때 창의력과 문제 해결 능력은 밀접한 관련이 있으며, 문제 해결에 있어 창의력은 큰 역할을 한다고 볼 수 있다. 물론, 문제를 가장 효과적으로 해결해 나가기 위해서는 창의력뿐 아니라 상황에 대한 총체적 판단과 분석을 가능하게 하는 비판적 사고력 또한 필요하다. 비판적 사고는 제시된 아이디어를 분석하고 평가하여 체계적으로 옵션을 좁혀 가면서 가장 실행 가능성이 높고, 잠재적 문제가 적으면서 최대의 효과를 낼 수 있는 적합한 해결책을 선택하는 데 도움을 준다. 창의적 사고와 비판적 사고, 두 가지 사고 유형 간의 상호 작용은 문제 해결을 보다 효과적으로 할 수 있게 한다. 그러나 일반 전통적 교육 방식이 주로 논리적 사고와 정보 분석 능력 등의 비판적 사고 계발에 더 초점이 맞춰져 있는 경우가 많기 때문에 문제 해결 능력을 키우기 위해서는 반드시 창의력 계발에 힘써야 하고,

창의력이야말로 문제 해결의 키(Key)가 될 수 있다.

창의력과 문제 해결 능력의 공식

Problem Solving Skills = Creative thinking + Critical Thinking

문제 해결 능력 = 창의적 사고력 + 비판적 사고력

최근에 넷플릭스에서 방영된 〈흑백요리사〉라는 프로그램이 있다. 〈흑백요리사〉는 셰프들의 리얼리티 요리 프로그램이다. 요리 미션을 주고 그에 맞는 요리를 하게 한 다음, 심사위원의 평가에 합격하는 셰프가 생존해 나가는 서바이벌 게임이다. 최후의 1인을 뽑기 위해 막바지로 향해 가는 도중, 재료의 방에 편의점을 통째로 옮겨 놓고 편의점에 있는 재료만을 사용해 창의적이고 맛있는 요리를 하라는 미션이 패자부활전에서 주어진다. 평가 기준은 '창의성'과 '맛'이었다. 10명의 요리사는 저마다 편의점에 있는 재료들을 어떤 식으로 배합하여 새로운 요리를 만들어 나갈지 고민했다. 편의점에 있는 재료들을 한번 떠올려 보자. 어떠한 재료들이 생각나는가? 과자, 아이스크림, 음료수, 라면, 빵, 삼각김밥, 샌드위치, 핫바, 소시지 등의 가공식품과 통조림류 등의 다양한 재료들이 자주 가는 편의점의 구조와 함께 머릿속에 그려질 것이다. 편의점 미션이라는 문제를 해결해 나가는 셰프들의 문제 해결 과정에서 과연 창의력이 어떻게 발휘되며 어떠한 역할을 할까?

편의점의 재료들을 배합하여 만들어 낼 수 있는 요리는 수백, 수만,

아니, 언리미티드, 셀 수 없을 정도로 많을 것이다. 그 수 많은 재료 중에서 몇 가지를 선택하고, 선택한 재료들을 재탄생시켜 새롭게 완성하는 요리! 그러면서 또한 맛까지 완벽하게 잡아야 하는 미션이다. 방송에서 소개됐던 셰프 몇 명의 독백과 인터뷰를 통해 아이디어를 생성하고 개발하는 과정에서 어떠한 발상과 계획으로 재료를 선택하고 조합하여 창의적인 요리를 만들어 내는지 보자.

처음 시작할 때의 반응들은 이러했다.

"되게 막막했어요."
"생각을 하다가 재료를 그냥 막 집어 담았어요."
"와, 너무… 너무 어렵네."

아직 무슨 요리를 할지 결정하지 못한 채 일단 재료부터 되는대로 확보하는 셰프도 있었다. 요리 결정을 한 셰프들 중 몇몇은 꼭 필요한 재료를 찾지 못해 대체 재료를 찾느라 정신없기도 했다.

"발사믹이 없다. 비스무리한 거 있을까? 드레싱… 아, 어떡해…"
"신맛 나는 사워(sour)한 맛의 재료가 없네?"
"고춧가루가 안 보여…. 와, 고춧가루가 안 보이면 안 되는데…?"

다음은 여섯 셰프들의 아이디어 생성과 개발 과정이다.

	요리 제목	주재료	요리의 특징	주목할 창의적 아이디어
셰프 1	고추꽁치	꽁치 통조림, 고추기름	고추참치에서 착안한 꽁치 버전, 편의점 스타일	…
셰프 2	궁보치킨 초면	라면, 스모크 치킨, 어묵, 고추기름	야식 느낌의 면 요리, 직관적인 맛	면을 삶아 다시 튀김
셰프 3	돼지족발 양배추	족발 살코기, 라면볶음, 옥수수캔, 청양고추, 양배추	간단한 조리, 라면수프 활용, 편의점 재료 활용	…
셰프 4	라면으로 만든 팟타이	너구리 라면, 닭가슴살, 게맛살, 골뱅이, 레몬주스	태국 팟타이 재현, 신맛 보완을 위해 레몬주스 활용	맛의 밸런스에 대한 깊은 고민, 특히 신맛에 대한 대체 재료 찾는데 노력, 새우의 대체재로 맛살과 골뱅이의 재조합
셰프 5	라면 유포면	라면, 파기름, 청양고추, 옥수수캔	유포면 스타일 재현, 청양고추 구워서 매운맛과 단맛 강화	고춧가루 대체를 위해 청양고추를 구워서 다져 넣음
셰프 6	밤티라미수 케이크	맛밤, 우유, 크림치즈, 크림빵 속 크림, 다이제스트 과자, 요거트 그래놀라	편의점 디저트, 자극적인 음식 후 디저트로 기획	하이퀄리티의 디저트를 하겠다는 발상, 사용된 모든 재료가 있는 그대로가 아닌 독특하게 변형시켜 맛을 표현

셰프 1, 2, 3의 공통된 특징은 대체로 알고 있는 맛을 있는 재료만으로 재현하거나 변형하는 데 포커스를 두었다는 것이었고, 편의점이라는 카테고리 안에서의 음식을 재해석하는 것으로 끝났다는 데 있다.

<셰프 1, 2, 3의 인터뷰 내용에서 발췌>

"편의점스러운 음식이면 되지 않을까?"
"심플하고 직관적인 맛으로 가자."
"제일 빨리 완성하자."
"편의점 재료… 말하자면 제일 간단하게 요리하자는 건데…."
"있는 재료가 한정적이니까 최대한 원래 요리 퀄리티랑 비슷하게 맞춰 보자."
"양념은 라면수프만 썼어요. 라면수프만 해도 충분한 조미료니까요."

반면, 셰프 4, 5, 6은 없는 재료는 새로운 방식으로 맛을 끌어내고, 편의점의 음식들을 편의점이 생각나지 않도록 하나의 요리로 재탄생시켰다.

<셰프 4, 5, 6의 인터뷰 내용에서 발췌>

"골뱅이같이 맛이 보장되어 있는 재료로 단맛은 내지만 팟타이 소스 자체가 묵직하다 보니까 산미를 좀 내야 하는데, 신맛 나는 사워한 맛의 재료가 없네?"
"평상시에도 차갑게 뜨겁게 등 다양한 방법으로 라면을 요리해 본 경험이 있습니다."
"청양고추로 고춧가루를 대신하자! 일단 구워서 단맛을 끌어올리고, 약간 태운 후 다져서 양념하기."
"대부분의 셰프들은 편의점에 있는 자극적인 맛들을 사용할 거라고 예상한다. 예를 들면, 핫바, 소시지, 라면 등."
"자극적인 음식을 먹으면 단게 당기게 되므로 디저트를 하면 심사위원분들을 계속되는 자극적인 맛에서 구해 줄 수 있겠다."
"맛밤을 우유에 끓여 갈아서 퓌레를 내고 크림치즈와 섞어 티라미수로 만들었다. 베이스는 다이제에 토피넛라테를 섞어서 깔았고, 크림빵의 크림을 파내서 밤 베이스 크림과 섞었고, 요거트 그래놀라의 그래놀라만 가지고 크런치한 식감을 위해 볶아서 토핑으로 올렸다."

어느 셰프가 창의적이고 맛있는 요리를 만들려고 노력했는가? 그 많은 재료들 중 본인만의 독특한 조합으로 창의적인 요리를 만들어 낸 사람은 누구인가? 편의점 미션이라는 문제 해결을 위해 창의성+맛(요리 실력) 이외의 필요했던 능력은 무엇인가? 4, 5, 6번 셰프가 1, 2, 3번 셰프들보다는 높은 점수를 받았는데, 그 이유는 무엇이었을까? 평가 기준 중 하나였던 '창의성'은 어떻게 평가되었는가? 누구나 쉽게 생각할 수 있는 단순 재료의 조합만으로는 창의성 점수를 높게 받기는 힘들었을 것이다. 그 조합을 통해 새로운 맛을, 그것도 맛있게 얼마나 재창조하였는지, '어떻게 이런 재료들의 조합으로 이런 맛을 냈지?' 하는 생각이 들게 하는 그 포인트를 잡았어야 하는 것이다. 필요한 모든 재료들이 있는 상황이 아니었기 때문에 대체 재료들을 변형시켜 창의적으로 사용할 수 있는 능력 또한 평가 요소 중 하나였다고 생각한다.

결과에 대해 덧붙이자면, 심사위원단의 엄격한 평가 속에서도 창의성과 절묘한 맛의 조화로 만장일치의 찬사를 받았던 밤티라미수 케이크는 대회 이후 놀라운 행보를 이어갔다. 미식가들의 입맛을 사로잡은 이 혁신적인 디저트는 이후 국내 최대 편의점 체인과의 독점 계약을 통해 일반 소비자들에게도 선보여졌고, 출시 첫날부터 전국의 매장에서 품절 사태를 빚으며 화제를 모았다. 결국 6개월이라는 짧은 기간 동안 무려 300만 개 이상이 판매되는 경이로운 기록을 세우며 식품 업계에 새로운 전설을 써 내려갔다. 과연 창의력이 시장에서 가치를 인정받지 못한다고 누가 감히 말할 수 있겠는가? 이는 창의력이 단순한 추상적 가치에 그치거나 눈에 보이는 숫자나 성과로 이어지지 않는다는 오래된 오해를 깨뜨리는 명확한 사례가 아닐까? 앞서 얘기한 것처럼 창의력은 문제 해결 능력과 직결된다. 기존의 비판적 사고에만 머물러 문제 해결을 시도한다면 우리는 결국 똑같은 울타리 안에서 맴돌 뿐이다. 그리고 그 울타리 안에서는 새로운 가치가 태어날 공간이 없다. 창의적 사고는 또한 자원의 제약 속에서도 가치를 창출할 수 있는 능력을 제공한다. 마치 <흑백요리사>의 편의점 미션처럼. 한정된 예산, 시간, 인력 내에서 최대의 효과를 내기 위해서는 기존 방식의 단순 적용보다 창의적 접근이 필수적이다. 이것이 바로 스타트업이나 신생 기업들이 대기업보다 때로는 더 혁신적인 솔루션을 내놓을 수 있는 이유이기도 하다.

문제 해결의 신무기 AI, 핵심 병기 창의력

제한된 재료를 독창적으로 조합해 새로운 맛을 만들어 내는 과정은 우리가 생성형 AI를 창의적으로 활용하는 역량과 비슷할 수 있다. 단순히 생성형 AI가 제공하는 정보를 그대로 사용하는 것은 기본적인 활용에 그친다. 그러나 인간은 AI의 데이터를 새로운 방식으로 재해석하거나, 예상치 못한 조합으로 문제를 해결함으로써 창의력을 발휘할 수 있다. 예를 들어, 생성형 AI가 단순히 기존 데이터를 요약하거나 분석하는 도구라면, 이를 창의적으로 활용하는 인간은 AI의 답변을 다양한 맥락에 적용하거나 의도적으로 다양한 입력을 시도하여 독창적인 결과를 이끌어 내는 과정을 통해 차별화된 결과를 얻는다. 이는 제한된 재료 상황에서 대체 재료를 창의적으로 변형하여 새로운 맛을 창출하는 것과 같다.

또한, "AI를 어떻게 활용하면 '이런 결과를 낼 줄은 몰랐어'라는 놀라움을 줄 수 있을까?"라는 질문을 끊임없이 탐구하는 것도 창의적 역량의 핵심이다. AI가 제공하는 정보를 단순히 소비하는 것을 넘어, 이를 도구로 삼아 전혀 다른 분야나 예상치 못한 방식으로 결합하고 변형하는 것이 창의적인 활용의 본질이다.

그런 점에서 AI를 효과적으로 활용하기 위해서는 인간 창의력의 본질을 이해하는 것이 필수적이라는 점을 깊이 인식하게 되었다. 이러한 통찰을 바탕으로 우리는 ATTA 성인용 토랜스 테스트(Abbreviated Torrance Test for Adults)를 활용하여 참가자들의 창의성 유형을 분류하고, 각 유형별 특성에 따라 생성형 AI와의 상호 작용 방식이 어떻게 달라지는지 흥미로운 실험을 진행했다.

ATTA 테스트를 통해 참가자들의 창의적 사고 유형을 분석한 결과, 우리는 다양한 창의성 프로파일을 발견할 수 있었으며, 이러한 프로파일이 AI를 활용하는 방식에도 다양한 차이를 가져온다는 점을 확인할 수 있었다. 이러한 발견은 개인의 창의적 성향과 AI 활용 효과성 사이의 중요한 연관성을 시사하는 것으로, 단순히 AI를 도구로 사용하는 것을 넘어 자신의 창의적 특성을 이해하고 이를 AI와 결합하는 방식이 중요하다는 것을 보여 준다.

다음 장에서는 ATTA 테스트를 통해 분류된 각 창의성 유형별 참가자들과 생성형 AI를 활용한 실험의 구체적인 내용, 진행 과정 그리고 흥미로운 결과를 상세히 소개하겠다. 이 실험은 각기 다른 창의성 유형을 가진 사람들이 AI를 어떻게 독창적으로 활용하는지 그리고 이러한 차이가 어떤 결과로 이어지는지를 밝히는 데 중점을 두었다.

AI에게 물어보았다 2 <편의점의 재료만으로 창의적인 요리를 만들기>

1차적 질문과 답변
편의점 재료만으로 요리 레시피를 만들어 줘-누구나 할만한 답만 나옴
뻔하지 않게 퓨전요리인데 메인디시로-나라별 음식을 섞음(ex. 데리야키 치킨부리토)

2차적 질문과 답변
어떤 요리인지 제목도 붙일 수 없을 만큼 새로운 조합으로- 맛없을 조합이 나옴(ex. 김치치즈라떼)
'새롭기는 한데 맛은 있어야지'라는 프롬프팅에서 그나마 그럴듯한 답을 내놓음

3차 최종으로 선택된 AI가 제시한 레시피
1. 차슈 라이스 타르트
- **재료:** 편의점 삼겹살(또는 햄), 즉석밥, 간장, 꿀, 달걀
- **방법:**
  1. 삼겹살을 팬에 구운 후 간장과 꿀을 섞어 차슈 소스로 졸입니다.
  2. 즉석밥을 눌러 타르트 형태로 만든 뒤 그 위에 차슈를 올립니다.
  3. 달걀 노른자를 가운데 얹어 고급 타르트 느낌의 요리 완성.

2. 삼색 라이스 테린(일본+프랑스 퓨전)
- **재료:** 즉석밥, 유부초밥 세트, 훈제 연어, 명란젓, 데리야키 소스, 아보카도, 김
- **방법:**
  1. 밥을 세 개로 나누어 각각 명란젓, 데리야키 소스, 아보카도를 섞어 세 가지 색깔의 밥을 만듭니다.
  2. 테린 틀(없으면 작은 그릇)을 준비해 명란밥, 데리야키밥, 아보카도밥 순으로 층을 쌓습니다.
  3. 각 층 위에 얇게 자른 훈제 연어를 올리고, 마지막에 김을 얇게 잘라 장식합니다.
  4. 틀에서 꺼내면 층층이 다른 맛과 색깔이 어우러진 아름다운 요리가 완성됩니다.

생성형 AI는 이런 답은 못 한다
- 흑백요리사들의 솔루션과 비교해 봤을 때 "WOW!" 할 만한 레시피는 결국 나오지 않았다.
- 레시피는 프롬프팅 하나당 7-8개씩 1초 만에 나왔고 새로운 레시피를 만드는 영감이나 단초가 될 수는 있을 것 같았다. 아니면 거꾸로 '이런 뻔한 레시피는 하면 안 된다'라는 표본으로 이용하는 게 나을 것 같았다.
- 셰프들이 갖고 있는 오랜 경험이나 혹은 실패의 기억들을 통해서 대안을 찾는 능력은 생성형 AI가 아직은 탑재하지 못했다. 이를테면 고춧가루가 없는데 어떻게 하느냐는 질문을 하면 고추가루 맛 라면수프를 이용하는 데에 머무른다. 반면 셰프 중 하나는 청양고추를 태운 후 잘게 다져서 사용하는 방법으로 문제를 해결했다.

2장

창의력은 AI를 나만의 무기로 바꾼다

생성형 AI 시대에 더 중요한 역량은 무엇일까? 많은 사람들이 기술, 속도, 정보 처리 능력을 떠올린다. 그러나 그런 능력들은 이제 AI를 통해 누구나 쉽게 다룰 수 있는 '모두의 도구'가 되었다. 중요한 건 이 도구들을 어떻게 나만의 '무기'로 바꾸느냐다. 우리에게 진짜 경쟁력이 되어 줄 단 하나의 무기, 우리는 그것을 '창의력'이라 부른다.

1장에서 우리는 AI 시대가 요구하는 창의성의 본질을 살펴보았다. 이제는 한 걸음 더 들어가야 한다.

"나는 어떤 방식으로 창의력을 발휘하는 사람인가?"

이 질문이야말로 모두가 같은 도구를 가진 시대에 나를 차별화할 수 있는 출발점이다.

창의력은 막연한 단어가 아니다. 추상적인 재능도 아니며, 예술가나 발명가만의 전유물도 아니다. 창의력은 누구에게나 존재하며, 다만 그 방식이 서로 다를 뿐이다.

어떤 이는 복잡한 문제를 구조화하는 데에, 어떤 이는 낯선 아이디어를 연결하는 데에, 또 어떤 이는 빠르게 떠오른 직관을 날카롭게 갈고닦는 데에 강점을 가진다.

그러므로 진짜 중요한 질문은 이것이다.

"나는 어떤 창의적 사고 패턴에서 강점을 보이는 사람인가?"

이 장에서는 그 질문에 답하기 위해, 실제 심리학에서 사용되는 창의력 진단 도구인 ATTA 성인용 토랜스 테스트(Abbreviated Torrance Test for Adults)를 활용해 보려 한다.

ATTA는 창의성 연구의 고전인 토랜스 창의적 사고력 검사(TTCT)의 이론적 기반을 바탕으로, 성인을 위해 개발된 창의성 평가 도구다. 이 테스트는 제한된 시간 내 다양한 창의적 답변을 통해 개인이 어떤 확산적 사고(divergent thinking)에 강점을 보이는지를 파악할 수 있도록 설계되었다. 그림을 완성하거나 상황을 상상하는 간단한 과제를 통해, 창의적 사고의 네 가지 핵심 요소-유창성(fluency), 유연성(flexibility), 독창성(originality), 정교성(elaboration)-를 진단할 수 있다.

이 테스트를 통해 창의적 사고 능력의 다양한 측면을 평가하고 개인이 가진 창의적 강점의 프로파일을 파악하는 데 도움을 줄 수 있다.

예를 들어, 아이디어를 많이 떠올리는 데 능한 '유창형', 다른 사람과 차별화되는 발상을 잘하는 '독창형', 세밀하고 구체적인 사고에 강점을 지닌 '정교형' 등으로 유형을 나눌 수 있다.

이러한 창의성 유형은 정답을 찾기 위한 분류가 아니라, 자신의 사고방식과 문제 해결 스타일을 이해하기 위한 거울이다.

더 흥미로운 실험은 그다음이다. 자신의 창의성 유형을 파악한 뒤, 그 유형에 맞는 생성형 AI 활용 전략을 함께 모색해 볼 것이다. 예컨대, 아이디어의 확산에 능한 사람이라면 AI를 아이디어 정리 도구로 활용할 수 있고, 기발한 발상을 좋아하는 사람은 AI에게 의도적으로 '틀에 박힌 답'을 요청하며 반대로 사고를 전환하는 도구로 쓸 수도 있다. 즉, 창의력과 AI는 충돌하는 것이 아니라, 올바른 전략만 갖추면 상호 보완적인 파트너가 될 수 있는 존재이다.

이 장은 단순한 테스트로 시작하지만, 그 결과는 독자의 창의력을 새로운 시선으로 바라보게 만들 것이다. 그리고 AI 시대를 두려움보다 호기심으로 마주할 수 있는 첫걸음이 될 것이다.

당신의 창의력은 그저 막연한 감각이 아니라 구체적인 능력이다. 그리고 그 능력은 이제, 기술과 함께 진화할 수 있다.

지금, 창의력의 세계로 들어갈 준비가 되었는가?

ATTA 성인용 토랜스 테스트
(Abbreviated Torrance Test for Adults)를 통한
창의성 유형 분석

이 책에서는 이론을 넘어서 실제 창의성의 유형을 구체적으로 밝히기 위해 20세부터 55세까지, 다양한 직업군과 연령대에 속한 총 150명을 대상으로 ATTA 테스트를 실시하였다.

이 실험은 단순히 누가 더 창의적인가를 평가하기 위한 것이 아니다. 각 개인이 어떤 방식으로 창의적으로 사고하는가, 그리고 그들이 가진 창의적 특성이 어떻게 생성형 AI와의 협업 방식에 영향을 미치는가를 알아보는 데 목적이 있다.

150명의 결과를 분석한 뒤, 우리는 창의성을 다음 세 가지 핵심 차원으로 분류하였다.

1. 문제 접근 스타일
- 창의적 사고가 문제를 어떻게 인식하고 접근하는지에 대한 경향
- 예: 혁신적이고 새로운 접근, 적응을 기반으로한 발전적 접근

2. 창의성 구성 요소(ATTA 기반)
- 인간의 창의성을 이루는 4가지 구성 요소
  - **유창성:** 아이디어를 빠르게 많이 생성하는 능력
  - **융통성:** 다양한 범주의 아이디어로 전환하는 능력
  - **독창성:** 남들과 다른 새로운 아이디어를 내는 능력
  - **정교성:** 아이디어를 구체적으로 발전시키는 능력

3. 창의적 강점(ATTA가 측정하는 총 15가지)
- 예술적 상상, 감정 표현력, 유머 감각, 관찰력, 개방성, 시각적 상징 사용 등
- 창의적 잠재력을 나타내는 핵심 지표로서, 아이디어의 개수나 희소성으로 평가하는 것을 넘어 아이디어의 스타일과 표현 방식에 주목

이 세 가지 차원을 종합해 분석한 결과, 총 14가지 창의성 유형이 도출되었다. 각 유형은 단순한 점수의 나열이 아니라 개인의 창의적 인

지 스타일 + 감성적 표현 경향 + 문제 해결 방식을 통합적으로 고려한 것이다.

이 유형들은 앞으로 우리가 구체적으로 생각해 보지 않았거나 막연하게 걱정이 앞섰던 다음과 같은 의문에 답하도록 도와줄 것이다.

- 나는 아이디어를 많이 떠올리는 편인가, 독특하게 떠올리는 편인가?
- 나의 창의성 유형을 알게 되면 그동안 놓쳐 온 나의 가능성과 마주하게 될까?
- 나와 더 효율적으로 협력할 수 있는 사람의 창의성 유형은 무엇일까?
- 내가 가지고 있는 창의적 강점에 더욱 집중해야 할까, 아니면 부족한 점을 개발해야 할까?
- 나는 팀 안에서 어떤 창의적 역할을 잘할 수 있을까?
- 생성형 AI를 활용할 때 나는 어디서부터 시작해야 효과적인가?
- 생성형 AI를 사용해 봤는데, 결과가 별로면 그건 내가 잘못 접근한 탓일까?

<ATTA를 바탕으로 도출한 창의성 유형표>

문제 접근 스타일	창의성 구성 요소	창의적 강점	창의성 유형
I 혁신형 (Innovator)	유창성	이미지의 풍부함과 다채로움 (언어) 감정/느낌 미래 지향성 유머: 개념적 부조화 도발적 질문	언어의 마술사
		개방성: 성급한 종결에 대한 저항 색다른 시각화, 다른 관점 두 개 이상의 도형들의 통합 내부 시각적 관점	마르지 않는 아이디어 뱅크
		이미지의 풍부함과 다채로움 (도형) 이야기의 명료성 제목의 추상성	표현주의 이야기꾼
		느낌과 감정의 표현 움직임/소리 공상	꿈꾸는 공감능력자
	독창성	이미지의 풍부함과 다채로움 (언어) 감정/느낌 미래 지향성 유머: 개념적 부조화 도발적 질문	질문을 던지는 촉진자
		개방성: 성급한 종결에 대한 저항 색다른 시각화, 다른 관점 두 개 이상의 도형들의 통합 내부 시각적 관점	반짝이는 캐릭터
		이미지의 풍부함과 다채로움 (도형) 이야기의 명료성 제목의 추상성	참신한 내러티브의 거장
		느낌과 감정의 표현 움직임/소리 공상	감성의 혁신가

A 적응형 (Adaptor)	정교성	개방성: 성급한 종결에 대한 저항 색다른 시각화, 다른 관점 두 개 이상의 도형들의 통합 내부 시각적 관점	정교한 상상의 크리에이터
		이미지의 풍부함과 다채로움 (도형) 이야기의 명료성 제목의 추상성	디테일의 장인
		느낌과 감정의 표현 움직임/소리 공상	가능성을 여는 긍정능력자
I+A 혁신적응통합형	융통성	개방성: 성급한 종결에 대한 저항 색다른 시각화, 다른 관점 두 개 이상의 도형들의 통합 내부 시각적 관점	두루두루 시너지 전문가
		이미지의 풍부함과 다채로움 (도형) 이야기의 명료성 제목의 추상성	다재다능한 스토리텔러
		느낌과 감정의 표현 움직임/소리 공상	유연한 감성조율자

문제의 접근 및 해결 방식을 크게 혁신형과 적응형으로 나누었는데, 이는 1970년대에 마이클 커튼(M.J. Kirton)에 의해 제안된 적응-혁신 이론(Adaption-Innovation Theory)을 기반으로 한 것이다. 창의성 구성 요소 4가지 중 유창성과 독창성은 혁신형, 정교성은 적응형으로 분류된다. 융통성은 두 가지를 다 가지고 있는 통합형으로서, 문제 해결 시 혁신형과 적응형의 특징을 모두 나타낸다고 볼 수 있다.

적응-혁신의 두 유형은 다음과 같은 두드러진 차이점을 가진다. 적응형은 안정성을 추구하는 성향이 있기 때문에 문제 해결을 할 때 기존 구조와 시스템 내에서 접근하는 것을 선호하며, 기존의 규범과 절차를 고려하여 해결책을 찾으려고 한다. 조직 내의 문제를 점진적으로 개선해 나가려 한다. 반면, 혁신형은 새로운 방식을 찾으려 노력한다. 기존의 구조와 규범에 도전이 될지라도 비전통적인 해결책을 탐색하는 것을 선호하는 편이다. 그렇기 때문에 혁신형은 종종 기존의 패러다임을 깨고, 문제 해결을 위해 새롭고 혁신적인 아이디어를 제안하기도 한다. 즉, 적응형은 문제 해결에 있어 '좀 더 나은(improved, better)' 해결책을 찾으려 하고 혁신형은 '새롭고, 다른(original, different)' 방안을 모색한다고 할 수 있다.

그러나 '적응형'이나 '혁신형'은 고정된 유형이 아니라 하나의 연속선 위에 위치하는 것으로 이해하는 것이 바람직하다. 하나의 유형으로 단정 짓기보다는 어느 쪽의 성향이 상대적으로 강한가로 이해하는 것이 더 적절하다.

창의성의 각 구성 요소와 창의적 강점들의 정의와 특징은 다음과 같다.

ATTA 창의성 구성 요소:

1. 유창성(Fluency): 많은 아이디어를 생산해 낼 수 있는 사고 능력

2. 독창성(Originality): 다른 사람이 생각해 내지 못하는 독특하고 새로운 아이디어를 생산하는 사고 능력

3. 정교성(Elaboration): 아이디어를 정교하고 섬세하게 발전시키는 사고 능력

4. 융통성(Flexibility): 다양한 종류, 범주를 포함할 수 있는 유연한 사고 능력

ATTA 창의적 강점:

창의적 강점(Creative Strengths)은 절대기준 참조 측정(Criterion-Referenced Measures)에 의한 점수로서, 이는 상대적 평가인 창의성 구성 요소와는 다른 절대적 기준 점수다. 즉, 다른 사람들의 점수와 비교해서 어느 정도의 수준인지를 파악하는 것이 아니라 창의적 강점들 중에서 표현된 것이 있으면 점수를 받고, 없으면 점수를 받지 못하는 절대평가다.

창의적 강점은 토랜스 박사가 TTCT 개발 당시 창의성 구성 요소만으로는 개인의 창의적 특징을 다 설명할 수 없다는 것에 착안하여 나중에 추가된 부분이다. 사람마다 창의적 표현 방식이 다르기 때문에 창의성 구성 요소와 창의적 강점은 개인의 창의성을 다양한 관점에서 이해하는 데 필요한 보완적인 정보를 제공하므로 어느 것이 더 중요하

다고는 할 수 없다. 두 가지 모두 고려하여 총체적이고 균형 잡힌 창의성 프로파일을 해석하는 것이 바람직하다. 단지 창의적 강점이 나중에 추가되었기 때문에 부수적인 평가 내용으로 해석되기도 하지만, 개인의 창의적 특성이나 표현을 더 깊이 이해할 수 있으며, 보다 세밀하고 풍부한 정보를 제공하기도 한다는 점에서는 평가의 목적과 상황에 따라 더 부각되어 사용될 수도 있다.

창의성을 구성하고 있는 이러한 다양한 구성 요소들은 많은 학자들에 의해 요인 분석 연구가 되어 왔다. 요인 분석은 대부분 TTCT에서 측정하는 창의성 구성 요소(유창성, 독창성, 정교성, 제목의 추상성, 개방성(성급한 종결에 대한 저항))를 중심으로 연구되었으며, 그 연구 결과를 참고하여 ATTA에서 측정하는 4개의 창의성 구성 요소(유창성, 독창성, 정교성, 융통성)뿐 아니라 15개의 창의적 강점까지 통합하여 창의성 구성 요소를 적응-혁신 요인으로 분석하였다.

15개의 창의적 강점을 공통된 특징으로 아래와 같이 4개의 그룹으로 나누었다.

창의적 강점	특징
이미지의 풍부함과 다채로움(언어) 감정/느낌 미래 지향성 유머: 개념적 부조화 도발적 질문	언어 답변에서만 채점되는 항목으로, 감정, 정서, 이미지 묘사, 미래와 관련된 내용이나 유머 그리고 답변하기보다는 오히려 질문을 표현하는 능력.
개방성: 성급한 종결에 대한 저항 색다른 시각화, 다른 관점 두 개 이상의 도형들의 통합 내부 시각적 관점	열린 사고와 함께 다양한 관점을 표현하는 능력.
이미지의 풍부함과 다채로움(도형) 이야기의 명료성 제목의 추상성	생각의 표현 방식 및 의미 전달과 관련이 있는 커뮤니케이션 측면의 능력
느낌과 감정의 표현 움직임/소리 공상	창의적 표현과 상상력에서 감정, 공감, 감성적 요소를 나타내는 능력

창의적 강점을 평가하는 방법들의 예를 살펴보면 창의적 강점이 왜 중요한지 더 잘 이해할 수 있다.

다음 그림은 창의적 강점 중 느낌과 감정의 표현이 있는 경우다.

왼쪽과 달리 오른쪽 그림에는 다양한 감정이나 느낌의 표현(기쁨, 슬픔, 분노, 흥분, 질투 등)이 잘 나타나 있다. 이러한 창의적인 표현 능력을 가진 사람들은 예술이나 문학 작품을 감상하거나 창의적 결과물을 통해 메시지를 전달할 때, 더욱 깊은 유대감과 공감을 형성한다. 이는 그들이 메시지나 주제를 보다 강력하고 명확하게 전달할 수 있도록 돕는다. ATTA에서는 언어적 답변 또는 도형적 답변 속에 위의 표에 나와 있는 15개의 다양한 창의적 강점들이 어떻게 표현되어 있는지 평가한다.

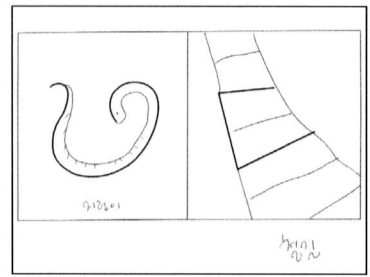 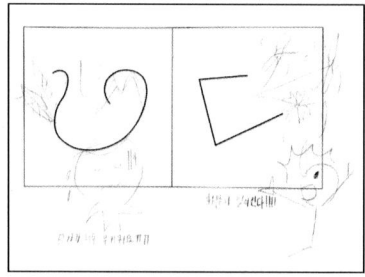

감정의 표현이 없는 경우 　　　　　감정의 표현이 들어간 경우

* 불완전한 도형의 활용

ATTA 테스트의 원본은 저작권법에 따라 공개하지 않으며 비슷하게 재구성되었음

창의성 유형별로 AI를 활용한 실험:
〈고양이 마음 연구소〉

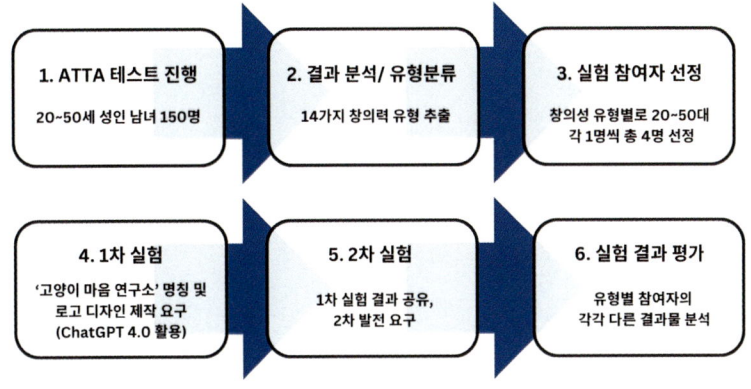

앞서 150명의 20-50대까지의 다양한 학생 및 직장인들을 대상으로 ATTA 창의력 테스트를 진행했다고 밝힌 바 있다. 이들 중에서 결과가 뚜렷하게 다른 유형의 4명의 참가자들을 선별하여 창의력을 발휘해야 하는 테스크를 부여했다. 테스크는 참가자의 창의적 능력을 극대화하

고, 그들의 문제 해결 능력과 창의적 잠재력을 드러낼 수 있는 기회를 제공할 수 있도록 다음과 같은 조건에 부합할 수 있도록 만들었다.

1. 개방적 문제: 명확한 정답이 없는 문제로, 다양한 해결 방법과 접근 방식을 요구한다. 참가자는 자유롭게 상상력과 창의적 사고를 발휘할 수 있다.

2. 창의적 표현: 독창적인 아이디어를 시각적, 텍스트적 또는 다른 형태로 표현하도록 요구한다. 예술, 디자인, 스토리텔링 등 다양한 형태의 창작 활동이 포함될 수 있다.

3. 문제 해결 중심: 실질적인 문제나 시나리오를 기반으로 하여 참가자가 해결 방안을 도출하도록 유도한다. 이는 현실적인 적용 가능성을 고려하면서도 창의적인 접근을 요구한다.

4. 다양한 도구 활용: 참가자가 생성형 AI와 같은 첨단 기술을 활용하여 새로운 아이디어나 작품을 만들어 내는 과제다. 이는 기술과 창의적 사고의 융합을 촉진한다.

5. 혁신 요구: 기존의 틀을 깨는 새로운 관점이나 방법을 제안하도록 장려하며, 참가자의 독창성과 혁신성을 평가한다.

이 조건에 부합되는 태스크는 생성형 AI를 이용해 〈고양이 마음 연구소(가제)〉라는 가상의 비영리단체의 로고와 이름을 제작하는 것이다. 고양이는 형체가 뚜렷한 구체적인 모습인 반면 마음은 형체가 없는 추상적인 개념이므로, 이 상반되는 두 가지를 어떻게 하나로 합쳐서 표현할 수 있을지에 대한 문제를 제시하고자 하였다. 또한, 언어와 그림을 모두 사용하도록 하였으며, 이곳을 방문하거나 시설을 이용하는 사람들의 필요와 기대도 고려하도록 설계하였다.

실험에 참여한 4명은 20-50대 각 1명씩, 매우 다른 창의성 유형을 가진 사람들로 선정되었고, 비슷한 수준의 AI 사용 경험이 있는 디자인 비전공자들이다. 이 실험의 구체적인 목적은 다음과 같다.

1. 각각의 다른 창의성 유형을 가진 사람들이 AI라는 새로운 기술에 어떻게 반응하는지를 살펴본다.
2. 생성형 AI를 활용해 문제를 해결해야 할 때 어떤 프롬프팅을 사용하여 문제를 해결하고 결과물을 도출하는지를 분석한다.
3. 창의성 유형별로 동일한 프로젝트에서 얼마나 다양한 결과물이 나오는지를 조사한다.

실험 참여자	ATTA 테스트 실행 시기 및 결과	1차 실험	공유 컨퍼런스	2차 실험
1. 교육공무원 (43, 남)	2024.01.30. 언어의 마술사	- 2024.02.25. 〈고양이 마음 연구소〉의 이름과 로고 제작 의뢰 - 일주일의 시간 제공 - 2024.2.27. 결과 제출	- 2024.03.03. 1차 결과물을 실험 참여자 모두에게 공유 - 공유 목적: 비슷한 결과물들을 보고 자신만의 차별화를 추구한 최종 결과를 보기 위함 - 온라인 컨퍼런스 1시간 진행 - 2차로 수정 및 최종 제출 의뢰 - 일주일의 시간 부여	- 2024.03.08. 〈고양이 마음 연구소〉 2차 제작 의뢰 - 일주일의 시간 제공 - 2024.03.12. 결과 제출
2. 동시통역사 (52, 여)	2024.02.05. 반짝이는 캐릭터	- 2024.02.23. 〈고양이 마음 연구소〉의 이름과 로고 제작 의뢰 - 일주일의 시간 제공 - 2024.02.28. 결과 제출		- 2024.03.08. 〈고양이 마음 연구소〉 2차 제작 의뢰 - 일주일의 시간 제공 - 2024.03.12. 결과 제출
3. 대학생 (25, 남)	2024.01.28. 가능성을 여는 긍정 능력자	- 2024.02.21 〈고양이 마음 연구소〉의 이름과 로고 제작 의뢰 - 일주일의 시간 제공 - 2024.02.28 결과 제출		- 2024.03.08. 〈고양이 마음 연구소〉 2차 제작 의뢰 - 일주일의 시간 제공 - 2024.03.12. 결과 제출
4. 마케터 (30, 여)	2024.02.02. 다재다능한 스토리텔러	- 2024.02.25. 〈고양이 마음 연구소〉의 이름과 로고 제작 의뢰 - 일주일의 시간 제공 - 2024.03.02. 결과 제출		- 2024.03.08. 〈고양이 마음 연구소〉 2차 제작 의뢰 - 일주일의 시간 제공 - 2024.03.10. 결과 제출

* 이 실험은 2024년 3월을 기준으로 진행된 것이다. 당시에는 지금처럼 AI가 일상 깊숙이 자리 잡기 전이었고, 사용자들 역시 ChatGPT나 생성형 AI에 익숙하지 않은 시기였다. 많은 이들에게 AI는 여전히 낯설고, 창의적인 활동에 본격적으로 활용해 보지 않은 도구였다. 그에 비해 1년이 조금 지난 지금은 상황이 크게 달라졌다. AI는 더 빠르게 발전했고, 사용자들도 이를 능동적으로 활용하며 자신만의 방식으로 익숙해지고 있다. ChatGPT 또한 기술적으로 더 정교하고 유연하게 진화해 왔다.

환경도 바뀌었고 버전도 달라졌지만, 이 실험이 던지는 핵심적인 질문—AI가 인간의 창의성과 어떻게 연결되고 확장되는가—는 여전히 유효하다. 오히려 지금은 이 질문이 더 현실적이고 시급하게 다가온다. 생성형 AI를 단순한 보조 도구가 아닌 창의적 파트너로 바라보는 관점은 이제 선택이 아니라 새 시대의 전제가 되고 있기 때문이다.

Chat GPT 4.0(달리)를 기본으로 제공했고, 각각의 다른 창의성 유형별 특성으로 선별된 참여자들은 모두 디자인이나 그림 관련 종사자들이 아닌 직업군으로 구성하여 결과에 편향이 없도록 하였다.

이 실험에서는 생성형 AI 친화적인지 여부도 문제 해결 능력에 포함하여 측정하였다. 실험은 1차와 2차로 나누어 진행되었으며, 1차의 결과물을 참여자들이 모두 함께 공유하고, 2차 때는 각자가 어떻게 차별화시키는지에 주목하고자 했다. 1차 때는 AI를 통해 얼마나 많은 아이디어를 도출해 내는지 파악하는 데 집중했다면, 2차 때는 다른 사람들의 결과물과 얼마나 차이를 만들어 내는지를 중점적으로 살펴보았다.

1차 실험의 공통적 특성 분석

　1차 실험에서 대부분의 참가자들은 직접적인 결과를 요구하는 프롬프팅을 실행했다. 이들은 먼저 이름을 제안해 달라고 요청한 후, 마음에 드는 이름을 선택하여 그에 어울리는 로고를 제작해달라는 순서로 진행하는 방식을 보였다. 대부분의 프롬프팅이 비슷하고 프롬프팅의 횟수도 비슷했던 원인은 참가자들이 로고 제작과 디자인 분야에 대한 전문성이 부족했기 때문이며, 또한 탐색 단계에서 일반적인 접근으로 명령을 실행시켜 보았기 때문이다. 이로 인해 참가자들은 AI가 제공하는 결과물들이 신기하다고 느끼면서도, 자신들의 생각을 그대로 구현해 내지 못한다는 것을 인지하게 되었다. 유창성에 특히 강한 특성을 보인 1번 실험자를 제외하고는 프롬프팅의 시도 횟수에 큰 차이가 없었다. (1번 참여자의 프롬프팅에 대해서는 개별 실험 결과에서 자세히 설명한다.) 프롬프팅의 표현과 횟수가 비슷한 만큼, 결과물에서도 공통적으로 유사한 결과가 많이 나타났다.

<고양이 마음 연구소>의 이름을 지어 달라는 직접적인 요청에 대한 공통적인 결과물

- 고양이 마음상담소
- 고양이 심리센터
- Cat minds Lab
- Felin Research Center
- Whisker Wisdom
- Purrceptive Mind Institute

고양이를 귀엽게 그려 달라는 요청의 공통적인 결과물

미스터리하거나 알 수 없는 고양이의 심리를 표현해 달라는 요청의 공통적인 결과물

비슷한 색 조합의 결과물

위에서 볼 수 있듯이 4명의 참가자 모두 유사한 결과물을 도출하였고, 이러한 유사성을 의도적으로 부각시켜 공유하는 세션을 진행하였다. 이 과정을 통해 참여자들은 AI가 생성한 아이디어가 기대만큼 독창적이거나 창의적이지 않다는 점을 인식하게 되었으며, 동시에 자신의 생각을 좀 더 구체적이고 명확하게 실현하기 위해 어떤 방식으로 프롬프트를 구성해야 하는지에 대해 스스로 고민할 필요가 있음을 느끼게 되었다.

특히 창의성의 유형이 서로 다른 사람들은 동일한 결과물을 접하더라도 그것에 반응하고 수정하거나 발전시키는 방식에서 뚜렷한 차이를 보인다. 이러한 차이를 관찰하고 서로의 사고방식을 비교하고 이해하는 것이 이번 공유 세션의 숨은 목적이기도 하였다. 이제 각 참여자들이 자신만의 창의성 유형에 따라 얼마나 다양한 방식으로 결과물을 도출했는지를 구체적으로 비교하고 분석해 보고자 한다.

<1번 참여자, 43세, 남, 교육공무원>

1번 참여시의 창의성 구성요소 프로파일

창의성 구성요소	원점수	표준 점수									표준점수 합계
		11	12	13	14	15	16	17	18	19	
유창성	18										19
독창성	10										18
정교성	32										19
융통성	5										18
창의적 역할		협력자(Collaborator)			기여자(Contributor)			촉진자(Accelerator)			74

문제 접근 스타일	창의성 구성 요소	창의적 강점	창의성 유형
l 혁신형 (Innovator)	유창성	이미지의 풍부함과 다채로움(언어) 감정/느낌 미래 지향성 유머: 개념적 부조화 도발적 질문	언어의 마술사

    1번 참여자는 언어의 마술사 유형에 가깝다. 유창성과 정교성에서 높은 점수를 보였으며, 특히 유창성의 점수는 매우 높은 편이다. 창의적 강점 중에서는 다른 참여자들에 비해 특히 감정/느낌 등의 언어 답변에서 뛰어난 강점을 보였다. 이는 혁신형 중의 하나인 언어의 마술사형으로 볼 수 있다.

아래 1번 참여자의 답변을 살펴보면 '물고기, 잠수함 충돌'과 같은 독창적이지 않고 많은 사람들의 답변에서 흔히 볼 수 있는 대답도 있지만, '영웅 놀이를 할 수 있다', '괴로울 수 있다', '소외를 당할 수 있다' 등의 감정이나 기분을 표현하는 독창적인 대답들도 많음을 알 수 있다. 언어의 마술사형에 속하는 사람들은 다양한 아이디어나 해결책을 쉽게 떠올리고 생각을 자유롭게 표현할 수 있는 능력이 있기 때문에 자신의 생각이나 의견을 비교적 자신감 있게 표현하는 편이다. 또한, 아이디어가 많을 뿐 아니라 복잡한 아이디어나 개념을 명확하게 전달할 수 있으며 감정이나 느낌을 잘 표현할 수 있기 때문에 조직에서 문제해결 시 효과적인 협력적 환경을 조성하기도 한다.

Activity 1.

가정하여 상상해보기

당신이 바닷속에서 숨을 쉴수 있고 물고기들처럼 자유롭게 헤엄칠 수 있다고 가정해보세요.
이로 인해 어떠한 문제들이 발생할 수 있을까요? 가능한 한 많이 나열해보세요.
3분의 시간이 주어집니다.

1. 물고기 & 잠수함 충돌할 수 있다.
2. 사람들에게 이상한 사람 취급을 받을 수 있다.
3. 과학계의 연구 대상이 되어서 피로울 수 있다.
4. 힘을 먼었다고 생각해서 몸풀놀이를 할 수 있다
5. 헤엄치다가 다른 사람들과 충돌할 수 있다 (떼지어다니다가 사고발생가능)
6. 너무 빨리 이동해서 오히려 게으름을 피울 수 있다
7. 동료와 친구들에게 소외를 당할 수 있다.

* 가정하여 상상해 보기 언어 활동

ATTA 테스트의 원본은 저작권법에 따라 공개하지 않으며 비슷하게 재구성되었음

1번 참여자 실험 내용

1번 참여자가 1차 과제에서 제출한 '냥이 마음 풀이 센터'와 '고양이 백과사전'의 로고들이다.

유창성과 정교성이 높은 1번 참여자는 1차 과제에서 다른 참여자들보다 훨씬 다양하고 많은 프롬프팅을 한 것으로 보인다. 다른 참여자들이 평균 10~15페이지 분량의 내용을 제출한 반면, 1번 참여자의 결과물은 30페이지가 넘는 내용이었다. 대부분의 참여자는 첫 프롬프트에서 원하는 결과물을 직접적으로 요구했다.

예를 들어, '고양이 마음 연구소의 이름과 로고를 제작해 줘', '고양이 집사들을 위한 비영리 연구소를 만들고자 해', '예쁜 이름을 지어 줘' 등과 같은 명령형 표현을 사용했다.

반면, 1번 참여자는 달랐다. '지금부터 나에 대해 설명해 줄게. 나는 고양이를 매우 사랑하고, 고양이와 의사소통을 하고 싶은 사람이야.' 라고 시작했다. 자신에 대한 설명으로 대화를 열며, 과제에 대한 접근 방식을 달리했다. 본인이 어떤 사람인지 본인에 대해 좀 더 자세히 설명하는 접근법으로 시작한다. 이는 1번 참여자가 유창성과 언어의 창의적 강점뿐 아니라 디테일에 강한 정교성까지 뛰어나기 때문에 나타나는 특징으로 볼 수 있다. ChatGPT의 대답에 따라 또 다른 다양한 아이디어를 가지고 프롬프트를 바꿔 가면서 이름과 로고를 완성하고자 하는 노력이 뚜렷이 보였다.

다음은 1번 참여자가 1차 과제에서 사용한 프롬프트의 일부분이다. 영어를 한글로 바꿔 달라는 요구, 이름과 로고를 접하게 될 대상을 9살 어린이까지 확대해서 생각, 전문기관의 느낌을 살리고자 하는 노력, 쉽게 이해할 수 있는 직관적 이름 등의 많은 아이디어를 바탕으로 ChatGPT를 이용한 것을 알 수 있다.

> 지금부터 나에 대해 설명해줄께. 나는 고양이를 매우 사랑하고, 고양이와 의사소통을 하고 싶은 사람이야.

> 4개 중에서 '고양이를 잘 이해하고 사랑할 수 있도록 해주는 비영리 연구소'라는 콘셉에 가장 부합하는 이름을 골라줘

> 니가 선택한 'Whisker Wisdom Sanctuary'는 영어로 된 표현이라, 어려운거 같아. 9살 한국아이도 이해할수 있는 한글이름으로 변경해서 제안해주면 좋겠어

> 한글로 변경한 '수염지혜 보금자리'라는 이름은 고양이와 관련된 연구소의 이름이라고 생각이 전혀 들지 않아. 조금더 고양이와 관련된 연구소라는 생각이 들게 변경해서 2가지정도만 제안해줘

> 다음과 같은 3가지 조건을 제시해줄께. 1.너는 세계 최고의 로고 디자이너야. 2. 고양이를 사랑하고 현재 3마리의 고양이를 키우고 있어. 3. '냥이 마음 풀이 센터'에 찾아오는 사람들은 고양이를 알다가도 모를 고양이의 마음이 궁금한 사람들이야! 이런 사람들이 어떤 목적으로 이곳을 찾을 지 곰곰히 생각해보고 로고를 그려봐!

> 내가 연구소 이름의 예를 들어 볼께. 예)WE READ CATS 처럼 조금더 직관적이고 일반 사람도 쉽게 알아볼수 있는 이름을 만들어줘

    2차에서도 언어의 마술사형인 1번 참여자는 다양한 프롬프팅을 시도하는 것을 볼 수 있다. 1차 때에는 고양이를 사랑하고 아끼는 사람의 입장에서 그리고 그들을 위한 로고를 만들려고 하는 접근을 하였다고 하면, 2차 때에는 다음과 같은 새로운 관점의 프롬프트를 보여주고 있다. 이는 유창성이 높고, 언어 표현에서 창의적 강점을 나타내는 언어 마술사형의 특징을 잘 보여 주는 예다. 특히 '고양이를 싫어하는 사람', '고양이를 좋아하는 사람' 등과 같은 감정과 정서적 표현의 프롬프트가 눈에 띈다.

> User
> 좋아 지금까지 니가 말한 것들을 잘 기억하길 바래! 다음은 고양이의 특징에 대해서 말해줄래, 고양이의 종류, 고양이의 기원, 어른 고양이가 되는 과정, 고양이의 여정 등을 3가지정도 말해줘

> 그럼 좋아. 고양이의 기원과 고양이의 여정, 고양이의 종류, 고양이를 좋아하는 사람들의 특징, 고양이를 좋아하게 하는 방법 등을 모두 통합해서 고양이를 좋아하거나, 고양이에 대해서 궁금해 하는 사람들이 모이는 커뮤니티의 이름을 3개정도 작명해줘

> 길고양이를 돌보는 사람들을 캣맘이라고 하는데, 야생 길고양이를 돌보는 사람들의 마음은 고양이를 사랑하고 아끼는 마음일거야! 그런 캣맘들이 연구소를 많이 찾아올거 같아.

각각의 표현에는 의미가 있어야 해. 나이키 로고, 아이다스 로고 처럼 각각의 로고 표현에는 구체적인 의미가 내포되어 있어. 니가 고양이 별의 동반자 모임 이라는 고양이 마음 연구소의 로고를 그릴때 각각의 표현에 의미가 있으면 해. 의미를 넣어서 설명하는 로고를 그려줘

니가 고양이가 어떻게 생긴지 모르는 4살짜리 아기라고 생각하고, 연구소 로고를 그려줘. 고양이를 한번도 보지 못한 어린이야..순수함 그대로 그려줘

1번 참여자의 2차 로고다.

1번 참여자는 다양한 측면에서 구체적으로 요구하며 디테일한 프롬프트를 시도했다. 그 결과, 언어적 강점과 뛰어난 유창성이 돋보이는 '언어의 마술사' 특성이 잘 나타났다. 1차에 이어 2차에서도 그는 다른 사람보다 월등히 많은 프롬프트를 보여 주었다. 예를 들어, '길고양이

를 돌보는 사람을 캣맘이라고 하는데', '나이키 로고, 아디다스 로고처럼', '고양이가 어떻게 생긴지 모르는 4살짜리 아기라고 생각하고'와 같은 구체적인 비유와 설명을 활용했다. 이러한 언어적 접근은 ChatGPT가 요구를 정확히 이해하고 만족스러운 결과를 낼 수 있도록 도왔다.

이처럼 친절하고 감정적인 언어 사용은 언어의 마술사 유형의 특징을 잘 보여 주는 사례다. 때때로 다양한 시각에서 너무 많은 아이디어를 쏟아 내는 모습은 산만해 보일 수 있다. 하지만 이는 기존의 틀을 넘어 새로운 아이디어를 만들어 내는 혁신형 중, 특히 유창성이 높은 사람에게서 자주 나타나는 특성이다. 유창성이 높은 사람 중 언어적 강점이 뛰어난 이들은 조직 내 갈등 상황에서도 유용하다. 문제의 원인을 명확하게 설명하고, 감정적으로 민감한 사안에 대해서도 서로의 입장을 잘 전달한다. 또한 다양한 관점에서 해결책을 제시하며, 오해를 줄이고 최선의 해결에 도달하려 노력한다. 결국 이러한 유창성과 언어적 강점은 문제 해결 과정에서 혁신적인 방법으로 갈등을 조율하고, 새로운 돌파구를 만드는 데 중요한 역할을 할 것이다.

<2번 참여자, 52세, 여, 영어동시통역사>

2번 참여자의 창의성 구성요소 프로파일

창의성 구성요소	원점수	표준 점수									표준점수 합계
		11	12	13	14	15	16	17	18	19	
유창성	9										13
독창성	12										19
정교성	23										17
융통성	2										14
창의적 역할		협력자(Collaborator)			기여자(Contributor)			촉진자(Accelerator)			63

문제 접근 스타일	창의성 구성 요소	창의적 강점	창의성 유형
혁신형 (Innovator)	독창성	개방성: 성급한 종결에 대한 저항 색다른 시각화, 다른 관점 두 개 이상의 도형들의 통합 내부 시각적 관점	반짝이는 캐릭터

2번 참여자는 반짝이는 캐릭터 유형이다. 창의성 구성 요소 프로파일을 보면 네 개의 구성 요소 중에서 독창성 점수가 가장 두드러진다. 또한 창의적 강점 리스트 채점 결과, 개방성, 색다른 시각화(다른 관점), 두 개 이상의 도형들의 통합 그리고 내부 시각적 관점 항목에서 높은 표현력을 보였다. 2번 참여자는 혁신형으로, 다른 사람들이 생각하지 못하는 독특하고 참신한 아이디어를 만들어 내는 능력이 있다. 또한

기존 아이디어들을 통합하고 연결하여 새로운 아이디어로 발전시키는 표현력이 뛰어나다고 할 수 있다. 문제점에 봉착했을 때 기존의 데이터나 경험에만 의존하지 않고, 다른 분야에서 새로운 솔루션을 가져오고, 새로운 방향을 모색하려는 경향이 많다.

아래의 반복된 도형의 구성 테스트 결과를 보면 창의성 유형이 더욱 명확하게 보인다.

'여러 사람이 살고 있는 주택'의 경우, 창문을 통해서 안을 들여다보는 내부 시각적 관점 및 여러 도형의 결합이 돋보인다. 이는 다양한 관점을 표현하는 창의적 강점이다.

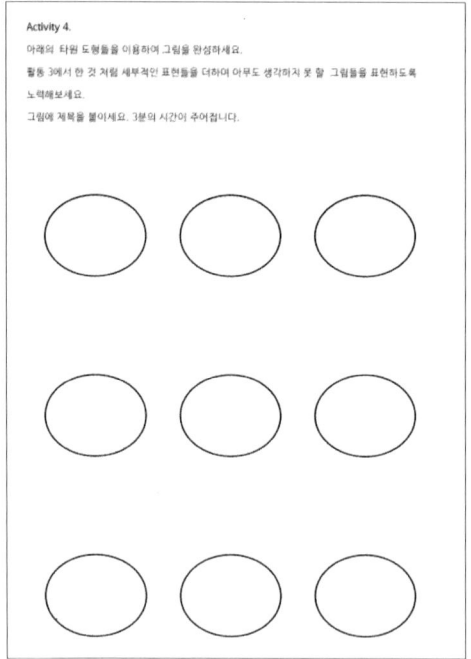

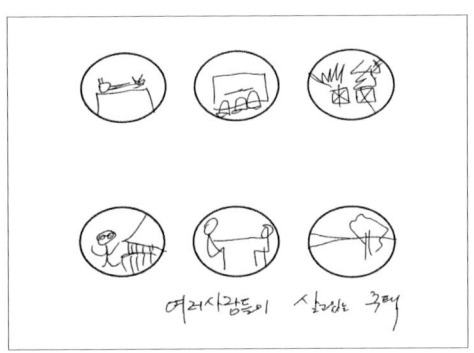

* 반복된 도형의 활용 :2번 참여자 결과물의 일부
ATTA 테스트의 원본은 저작권법에 따라 공개하지 않으며 비슷하게 재구성되었음

2번 참여자의 이러한 창의성 유형이 본 실험에서 주어진 과제를 해결해 나가는 데에 있어 어떻게 발현되었는지 1, 2차 실험 결과를 비교·분석해 보도록 하자.

2번 참여자 실험 내용

처음 프롬프팅을 시작할 때는 다른 모든 참여자들과 비슷한 접근 방식으로 비슷한 결과물을 가져왔다.

> **ChatGPT**
> **ChatGPT**
> 안녕하세요! 무엇을 도와드릴까요?
>
>
> **You**
> '고양이 마음 연구소' 라는 단체를 만들려고 하는데 예쁜 이름을 지어줘
>
> **ChatGPT**
> **ChatGPT**
> "고양이 마음 연구소"라는 아이디어는 참으로 매력적이네요! 연구소의 성격과 목표를 고려하여 몇 가지 이름을 제안해드리겠습니다:
>
> 1. **페르소나 펫 연구소** (Persona Pet Research Institute): 고양이의 개성과 마음을 탐구하는 데 초점을 맞춘 이름입니다.
> 2. **냥이의 속삭임 연구소** (Whispers of Meow Institute): 고양이의 미묘한 신호와 소통 방식을 연구하는 데 중점을 둔 이름입니다.
> 3. **캣닙 마인드 연구원** (Catnip Mind Institute): 고양이의 행동과 정서에 대한 연구를 즐겁고 흥미롭게 표현한 이름입니다.
> 4. **푸르르 연구소** (Purr Research Institute): 고양이의 만족과 행복을 연구하는 곳으로, 고양이의 행복한 울음소리인 "푸르르"에서 영감을 받았습니다.
> 5. **미유지움 연구소** (Mewseum Institute): 고양이의 다양한 면모를 '박물관'처럼 탐구하고 전시하는 데 중점을 둔 이름입니다.

> **[고양이 마음 연구소]**
>
> - 이름
> 1. Feline Cognition Research Institute
> 2. 냥이의 속삭임 연구소
>
> - 로고
>
>

2번 참여자의 경우, 한국어와 영어 두 언어로 프롬프팅 하여 결과물

을 비교하려는 시도가 눈에 띈다. 이는 직업적인 호기심이나 직업에 기반을 둔 작업 방식으로 보인다.

Hi.

ChatGPT
ChatGPT
Hi there! How can I help you today?

You
I'm thinking about naming a research laboratory studying the mind of a cat. Can you come up with some decent names for this?

ChatGPT
ChatGPT
How about "Feline Cognition Research Center"? This name suggests a focus on understanding the cognitive processes of cats.

You
That sounds good.

ChatGPT
ChatGPT
I'm glad you liked it! If you have any more questions or need further assistance with your project, feel free to ask.

You
So can you come up with any other names, like 10 more names for me to consider?

ChatGPT
ChatGPT
Sure, here are ten more names for your consideration:

1. Purrceptive Minds Lab
2. Whisker Wisdom Research Institute
3. Feline Thought Lab
4. Cat Cognition Collective
5. Insightful Whiskers Center
6. Kitty Intellect Initiative
7. Meow Mind Exploratory Lab
8. Clever Cats Research Facility
9. Feline Intellect Frontier
10. Cat Consciousness Consortium

I hope one of these sparks your interest!

2번 참여자는 혁신형으로서의 특징이 뚜렷하게 나타났다. 특히 두 개 이상의 도형을 통합하거나, 색다른 관점에서 문제를 바라보는 독창성이 돋보였다. 또한 문제 해결 과정에서는 문제를 발생시키는 다양한 맥락을 파악하고, 다른 분야의 아이디어를 차용하거나 통합해 해결하려는 경향도 강하게 나타났다.

ChatGPT를 이용한 〈고양이 마음 연구소〉의 로고 작업을 살펴보면 이러한 성향이 확실하게 나타남을 확인할 수 있다. 여러 번 질문과 요청이 거듭되어도 크게 달라지지 않는 결과물들이 나왔을 때 다른 방식의 프롬프트를 택했다. 특히 창의성 유형에서 드러나듯, 다른 방향에서 해결책을 찾으려는 아이디어가 두드러진다. 개와 고양이를 비교하는 명령을 내린 것이 그러한 성향을 잘 드러낸 예시 중 하나다.

고양이는 어떤 특이한 행동을 하지? 예를 들어 개와 비교해보면

ChatGPT
ChatGPT
고양이는 개와 비교했을 때 다음과 같은 특이한 행동들을 보여주는 경향이 있습니다. 이러한 행동들은 고양이의 독특한 성향과 사냥꾼으로서의 본능에서 기인합니다:

You
고양이가 꼬리로 감정을 표현한다는게 재밌다. 청결한 점도 마음에 들고,, 좁은 공간에 들어가는 것도 사랑이 스트레스 받으면 동굴로 들어간다는 것과 비슷하네.. 이런 점을 담아서 이름을 한번 더 만들어줘. 10 개 정도..

고양이와 개를 비교한 특성을 찾아 달라는 명령을 통해서 반복되던

이전의 비슷비슷한 결과들과 차별화되는 결과물들이 나왔고, 그러자 이를 더 발전시키고자 시도하였다.

ChatGPT
dalle 에서는 직접적으로 로고 디자인을 생성하는 것은 제한됩니다만, "CozyKitty Corner"와 "TailSignal Society"의 컨셉을 담은 이미지를 만들어 드릴 수 있습니다. 이 이미지는 로고 디자인의 영감으로 사용될 수 있습니다. 이미지의 설명은 다음과 같이 설정할 수 있습니다:

- **CozyKitty Corner**: 아늑하고 따뜻한 분위기의 이미지, 고양이가 작은 쿠션 또는 담요에 안락하게 코를 박고 잠든 모습을 중심으로, 주변에는 책과 커피잔이 배치되어 있어 집사들이 고양이와 함께 휴식을 취하는 느낌을 줍니다.
- **TailSignal Society**: 고양이의 꼬리 신호를 강조하는 이미지, 여러 고양이가 서로 다른 꼬리 포즈를 취하고 있는 모습을 표현하여, 고양이 간의 소통과 감정 표현의 다양성을 나타냅니다.

ChatGPT

위에 제시된 두 이미지는 "CozyKitty Corner"와 "TailSignal Society"의 컨셉을 각각 담고 있습니다. 첫 번째 이미지는 아늑하고 따뜻한 분위기에서 고양이가 편안하게 쉬고 있는 모습을, 두 번째 이미지는 다양한 꼬리 신호를 통해 감정을 표현하는 고양이들의 모습을 나타냅니다. 이러한 이미지들은 해당 커뮤니티 또는 모임의 로고 디자인에 영감을 제공할 수 있습니다.

Tail signal society라는 결과물에 큰 반응을 보였으나, ChatGPT가 한계를 보이자 더 이상 진행은 할 수 없어서 완성된 로고를 만들어 내진 못했다. 대신 관련 이미지까지는 발전시키는 것을 확인할 수 있었으며, 본인의 판단에 Tail signal society라는 콘셉트는 일반적인 생각들과는 너무 많이 다른 듯하여 클라이언트가 원하는 방향과 맞을지에 대한 의문도 가졌다고 한다. 하지만 개와 고양이를 비교하는 프롬프트를 통해 얻은 결과에 가장 만족했다고 밝힌 후속 인터뷰가 있었다.

결과를 통해 알 수 있듯이, 2번 참여자는 변화에 적극적으로 반응하는 혁신형에 가깝다.

새로운 시도를 두려워하지 않으며, 다른 분야의 아이디어를 통합해 독창적인 해결책을 제시하는 '반짝이는 캐릭터'로서의 특징이 잘 드러난다. 특히 ATTA 테스트에서 보여 줬던 개방성, 색다른 관점, 도형들의 통합과 같은 창의적 강점들이 문제 해결을 위한 프롬프트에서도 잘 드러나 있는 것을 볼 수 있다. 정형화된 틀에서 벗어난 접근을 통해 참신한 솔루션을 도출해 냈다.

갈등 구조에서도 이러한 성향은 'thinking outside the box' 하여 전통적인 방식에 얽매이지 않으며, 기존의 방법들을 독창적이고 참신하게 통합하여 혁신적이고 새로운 기회를 창출하기도 한다. 때론 이러한 제안들이 모든 사람들에게 만족스럽지는 않을 수 있다. 특히 전통적 방식에 익숙한 사람들에게는 저항과 불안을 줄 수도 있겠지만, 빠르게 변화하는 이 시대에 있어서는 크게 기여할 수 있는 문제 해결 타입이라고 할 수 있다.

<3번 참여자, 25세, 남, 컴퓨터공학과 대학생>

3번 참여자의 창의성 구성요소 프로파일

창의성 구성요소	원 점 수	표준 점수									표준 점수 합계
		11	12	13	14	15	16	17	18	19	
유창성	17										18
독창성	8										17
정교성	43										19
융통성	5										18
창의적 역할		협력자(Collaborator)			기여자(Contributor)			촉진자(Accelerator)			72

문제 접근 스타일	창의성 구성 요소	창의적 강점	창의성 유형
A 적응형 (Adaptor)	정교성	느낌과 감정의 표현 움직임/소리 공상	가능성을 여는 긍정 능력자

　3번 참여자는 가능성을 여는 긍정능력자 유형에 속한다. 적응형인 정교성에서 가장 높은 점수를 보였다. 다양한 창의적 강점 또한 표현되었으며, 그중에서도 특히 감정/느낌, 움직임과 소리, 공상 항목의 표현이 많았다. 정교성은 기존 아이디어나 개념을 더 자세히 설명하거나 발전시킨다. 세부적인 정보나 사실에 주의를 기울여 깊이 있는 연구와 분석을 할 수 있는 사고 능력이다. 세부 사항을 중시하는 성향으로 인해 완성도 높은 작품이나 해결책을 제시할 가능성이 높다. 움직임이

나 소리를 묘사하는 것은 높은 상상력 중 하나며, 특히 타인과의 공감 능력, 공상하는 능력과 관계가 높은 편이다. 3번 참여자는 공상 항목에서도 다양하게 표현한 것으로 볼 때, 문제 해결 시 나 자신을 그 대상에 연결하여 공상·상상해 보는 유추 능력이 뛰어날 수 있다. 이는 여러 가지 가능성을 제시할 수 있는 능력으로 깊이 있는 사고와 노력을 통해 아이디어나 해결책을 더욱 발전시키려는 의지를 포함하기도 한다. 세부적인 특성들도 다양하게 표현하고자 실험 당시 3분의 시간을 완전하게 다 쓰려고 노력한 부분이 인상적이었다. 영재성 이론에 의하면 창의적 업적을 나타내기 위해서는 과제 집착력 또한 중요한 요소 중 하나다. 3번 참여자의 이러한 태도는 높은 정교성 점수뿐 아니라 다양한 창의적 강점 점수를 받을 수 있었던 결과와 어느 정도 상관관계가 있다고 할 수 있다.

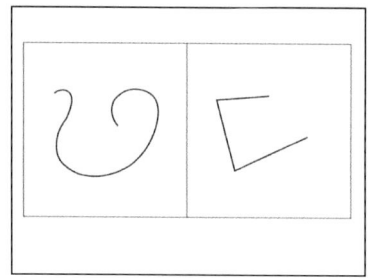 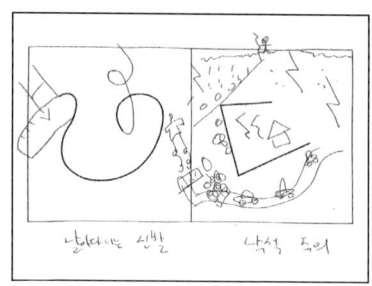

* 불완전한 도형의 활용

　ATTA 테스트의 원본은 저작권법에 따라 공개하지 않으며 비슷하게 재구성되었음

사람들은 불완전하게 열려 있는 도형을 보면 익숙한 모양으로 판단하여 성급하게 닫아 완성하고 싶어 하는 긴장감을 느낀다. 그래서 종종 일부 정보만 가지고도 전체를 성급하게 추론하거나 결론을 내려 버리기도 한다. 이처럼 사람들이 사물이나 상황을 대할 때 부분적인 정보를 바탕으로 전체를 빠르게 떠올리고, 성급한 결정을 내리는 성향은 형태 심리학이라고도 표현되는 게슈탈트 심리학의 관점에서 이해될 수 있다. 하지만 3번 참여자의 결과를 보면 도형들이 여전히 열려 있는 채로 그림을 완성했는데, 이것은 3번 참여자가 최대한 다양한 솔루션을 시도하고자 성급히 결정 내리는 것을 보류하고 좀 더 찬찬히 생각했다는 반증이다.

'날아다니는 신발'과 '낙석 주의'에서도 잘 표현되어 있듯이, 3번 참여자는 움직임과 느낌/감정 표현이 뛰어난 것을 볼 수 있다. 1차에서 이러한 특성을 잘 나타낸 프롬프트가 많았는데, 특히 '느낌'이라는 키워드가 눈에 띄게 많았다.

그림이 너무 차가워 보여 고양이를 "사랑"하는 사람들이 좋아할만한 로고를 그려줘

cat 이란 단어가 들어간 친근한 느낌이 필요해 꼭 research 나 institute 가 들어갈 필요는 없어 좀 더 친근한 느낌이었으면 좋겠어

이해하기 힘든 고양이 마음을 이해하려고 한다는 느낌이 들면 좋겠어

고양이가 좀 더 따뜻한 느낌이었으면 좋겠어

좋아 하지만 고양이 마음이 이해할려고 한다는 느낌이 들어가야 돼

research와 institute를 빼 달라고 한 프롬프트 역시 고양이를 사랑하는 사람들이 찾아가고자 하는 쉽게 접근할 수 있도록 배려한 것이 눈에 띈다.

2차에서도 1차와 크게 다르지 않은 프롬프팅을 하고 있는 것을 볼 수 있다. 1차에서 '따뜻한 느낌', '친근한 느낌', '고양이를 이해하려는 느낌' 등 감정/느낌을 강조하는 프롬프트를 사용하여 이름과 로고를 만들었는데, 2차에서도 비슷한 정서적 접근을 했다. 한 가지 눈에 띄는 것은 좀 더 구체적 정보를 모으기 위해 고양이의 특징에 대하여 추가 정보 조사를 하면서 특히 고양이의 표정과 몸짓에 집중한 점이다. 이는 3번 참여자의 창의적 강점 중 하나인 움직임/소리와 관련이 있다. 또한 '추상적이고 신비롭게 그려 줘', '단순하고 흑백으로', '따뜻한 색을 넣어 줘' 등과 같은 프롬프트를 사용한 것으로 볼 때 크게

다르거나 혁신적인 솔루션을 도출하고자 하기보다는 1차의 결과물을 바탕으로 약간의 변형만을 시도하는 적응형의 특징을 잘 보여 주고 있다.

정교성이 가장 높은 유형 중 느낌/감정의 표현, 움직임, 소리, 공상 등의 창의적 강점이 있는 가능성을 여는 긍정 능력자 타입은 갈등이나 문제 해결 상황에서 문제를 주의 깊고 체계적으로 분석한다. 가능한 모든 세부 사항을 고려하여 해결책을 모색하려는 성향이 강하다. 특히 이 과정에서 타인의 감정 상태를 잘 이해하고 공감하며 문제를 해결하려는 노력을 할 것이다. 이는 실수나 오류를 최소화하고, 원만한 대인관계 또한 중요시하는 타입이기 때문에 책임감과 신뢰성이 높다고 평가될 수 있다.

고양이를 정말 좋아하는 사람들이 알만한 고야이들의 특징이 뭐가 있을까?

고양이만의 표정과 몸짓의 특징을 자세히 알려줘

이번에는 좀 더 추상적이고 신비롭게 그려줘

좀더 단순하고 추상적이게 그려줘 흑백으로

좀 더 고양이 답게 그려주고 고양이를 사랑하는 마음이 들게 해줘 이름은 Whisker Whisperers로 해줘 이번에는 따뜻한 색을 넣어줘

3번 참여자의 2차 결과물이다.

<4번 참여자, 30세, 여, 마케팅 회사원>

4번 참여자의 창의성 구성요소 프로파일

창의성 구성요소	원점수	표준 점수									표준점수 합계
		11	12	13	14	15	16	17	18	19	
유창성	10										14
독창성	8										17
정교성	16										16
융통성	3										15
창의적 역할		협력자(Collaborator)			기여자(Contributor)			촉진자(Accelerator)			62

문제 접근 스타일	창의성 구성 요소	창의적 강점	창의성 유형
I 혁신형 (Innovator)	독창성	이미지의 풍부함과 다채로움 (도형) 이야기의 명료성 제목의 추상성	참신한 내러티브의 거장

    4번 참여자는 참신한 내러티브의 거장 유형으로 해석될 수 있다. 독창성 점수와 함께 이야기의 명료성과 이미지 표현에서 창의적 강점을 보였다.

    그러나 실제 프롬프트 활용 방식은 조금 달랐다. 문제를 다양한 시각으로 바라보고, 말의 구조와 표현 방식을 유연하게 조절하며, 세심하게 아이디어를 전개하는 모습은 '다재다능한 스토리텔러' 유형에 더 가까웠다. 두 유형 모두 스토리 중심의 창의성에 강점을 가지지만, 4번 참여자는 혁신형의 독창성보다는 혁신-적응 통합형의 융통성 특징이 더 잘 드러나 보인다. 아래 그림의 '폭풍우 속 우리 집'과 '즐거운 우리 집'에서 볼 수 있듯이, 4번 참여자는 스토리텔링 하듯 표현하는 능력을 보였다. 그러나 전반에 나타나는 프롬프트에서는 독창성보다는 정교성과 융통성의 특징을 더 보였다. 융통성이란 다양한 관점과 접근 방식을 활용해 문제를 해결하고, 고정된 사고의 틀을 넘어서 사고방식과 행동을 유연하게 조정하는 능력이다.

창의성은 복합적이고 다면적인 특성을 지닌 개념이기 때문에 한 가지 점수만으로 모두 설명하기는 어렵다. 특히 이렇게 창의성 구성 요소 간에 점수 차이가 크지 않은 경우에는 단순히 최고 점수만으로 유형을 판단하기보다는 전체적인 표현 방식을 함께 고려할 필요가 있다.

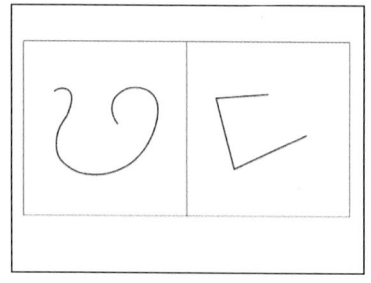 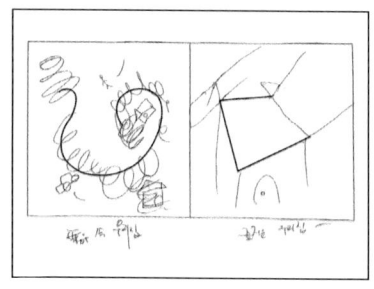

* 불완전한 도형의 활용

ATTA 테스트의 원본은 저작권법에 따라 공개하지 않으며 비슷하게 재구성되었음

1차 시도에서의 프롬프팅은 다른 실험 참가자들과 크게 다르지 않게 시작한다.

> 나는 고양이의 마음을 이해하고자 노력하는 고양이 집사들을 위한 비영리 연구소를 만들고자해

그러나 다음의 프롬프팅을 주목해서 보자. 로고 색깔을 정하는 데에 있어 사람의 기준이 아닌 고양이가 좋아하는 색을 쓰고 싶어 한다. 이는 입장 바꿔 생각하기, 즉 perspective-taking으로, 융통성이 높은 사람들의 특징 중 하나다.

> 혹시 고양이의 시력에 대해서 알려줄 수 있어? 고양이가 특별히 좋아하는 색이나 구별할 수 있는 색 3

> 로고 디자인에 파란색을 사용해줘. 먼저 1차 시안을 보여주겠니? 수정을 원하는 부분은 바로 말해줄게

고양이가 좋아한다는 노란색과 파란색을 사용하여 여러 시도를 거친 4번 참여자의 1차 결과물은 다음과 같다. 아쉽게도 한글 폰트 지원이 제대로 되지 않아 만족스러운 결과물을 얻지는 못하였다.

    2차 시도에서 가장 차별화된 결과물을 만들어 낸 사람은 4번 참여자인 것 같다. 1차 결과물 공유 이후, 다른 사람들의 결과물을 통해 새로운 아이디어를 얻고 다양한 시도를 하려고 노력한 것으로 보인다. 이는 4번 참여자가 1차 때의 아이디어만을 고수하지 않고 새로운 정보를 받아들이며, 필요에 따라 기존 아이디어를 다른 방향으로 발전시키는 유연성과 융통성이 있기 때문이다. 이러한 사람은 다양한 상황에서 다른 사람들과의 협업을 통해 아이디어 교류를 하고 발전시킬 수 있는 능력이 있으며, 특히 조직 내에서 다양한 관점을 수용하고 융합하여 더 나은 결과를 도출하는 창의적 문제 해결 능력이 있다고 볼 수 있다.

    4번 참여자는 1차 때처럼 다시 고양이에 대한 특징과 습성에 대한 정보를 수집하면서 2차 시도를 시작한다.

> 고양이 하면 두드러지는 특징이 뭐가 있을까?

> 고양이들은 주인과 어떤 감정 교류를 많이 해

> 고양이들은 기분이 나쁠 때 어떻게 행동해?

> 고양이들의 감정이 잘 보이는거는 수염이야 아니면 꼬리야?

> 고양이가 좋아하는 물건은 뭐야?

고양이의 전반적 특징에 대한 질문으로 시작하여 감정 표현에 있어 꼬리와 수염의 다른 점을 알아본 후, 꼬리를 선택하여 관련 단어를 검색하기 시작한다. 거기에 고양이가 좋아하는 물건들 중에서 박스(상자)를 골라 연결 지었다. 이야기를 이어 구성하듯이 자연스럽게 아이디어를 탐구 및 확장해 나간다.

> 그럼 나는 고양이 꼬리를 강조해서 센터를 설명하고 싶어. 고양이 꼬리와 관련된 단어나 문장을 알려줄 수 있니?

> 고양이, 꼬리, 박스 이 세단어로 고양이 마음을 읽는 센터 이름을 지을 수 있을까? 대신 이름에 센터나 협회 같은 단어는 없었으면 좋겠어

4번 참여자는 꼬리(tail)가 들어가는 이름으로 짓기로 하고 다른 옵션들을 알아보다가 CATTAIL이라는 단어와 발음에 집중하게 된다.

> CATAIL TALK CENTER 라고 말하면 사람들이 이해할가?

> Cocktail 과 Cattail 의 발음이 비슷할까?

그다음, Cocktail에서 Bar를 연상하게 된 4번 참여자는 'bar'라는 단어 검색에 들어간다.

> talk bar 하면 뭐가 생각나니?

> 만약에 자유롭게 고양이 마음에 대해 이야기 하고 상담을 할 수 있는 캐쥬얼한 공간을 만들고 싶다면 cattail talk bar 라고 만들면 어떨까?

그리고 재미있게도 4번 참여자만 프롬프팅 하였던 것이 한 가지 있다. 실제 〈고양이 마음 연구소〉가 있는지를 물어본 사람은 4번 참여자뿐이었다. 이는 네 명의 참가자 중 4번 참여자의 백그라운드가 '마케팅'으로서 사람들에게 어필하는 이름과 로고를 짓는 이번 과제와 가장 관련이 있어서라고 필자들은 생각한다. 다음 장에서 더 자세히 설명하겠지만, 창의적 잠재성이 최대로 발휘되려면 개인의 내적 조건과 외적 환경 모두 중요하다. 이 경우, 4번 참여자는 본인의 전문 지식 영역과 어느 정도 관련되어 있어 창의적 잠재력을 효과적으로 발휘할 수 있었고, 그 결과, 다른 사람들과는 차별화된 프롬프팅을 할 수 있었던 것으로 분석된다.

> 혹시 나처럼 고양이 마음을 읽고자 하는 실제 센터들을 알려 줄 수 있니? 경쟁사를 분석하고 싶어

Cattail Talk Bar

 CATTAIL→ COCKTAIL→ BAR로 이어지는 아이디어의 전환이 Cattail Talk Bar라는 이름과 로고를 만들어 낸다. 기존의 아이디어를 통합하고 거기에서 또한 새로운 아이디어를 창출해 내는 다재다능한 스토리텔러의 특징이 잘 나타난다. 아이디어를 발전시키는 과정이 마치 서사적 흐름을 가진 이야기처럼 자연스럽게 전개되며, 이 과정에서 프롬프트를 읽는 사람들의 상상력을 자극하여 이미지를 떠올리게 한다.

 갈등이나 문제 해결 상황에서 융통성이 강하며 의미 전달과 커뮤니케이션 측면의 능력이 뛰어난 다재다능한 스토리텔러는 상황에 따라 접근 방식을 다양하게 시도하며 변화에 빠르게 대처하고 유연하게 적응하는 편이다. 이야기를 명료하게 구성하고 이미지를 다채롭게 표현하는 능력은 팀 내의 효과적 의사소통에 있어서도 큰 도움이 될 수 있다.

실험의 결과 비교 및 분석

각기 다른 창의성 유형을 가진 실험 참여자들의 두드러진 특성을 요약하면 다음과 같다.

참여자	창의성 유형 및 강점	프롬프팅의 접근 방식과 스타일	특징적 프롬프팅의 예시
1. 교육공무원 (43, 남)	- '언어의 마술사' - 혁신형 I - 유창성, 언어 창의성	- 광범위한 프롬프팅(다른 참여자들보다 확실히 많은 프롬프팅 시도) - 맞춤형 질문 - 복잡한 아이디어나 개념을 명확하게 전달하고 설명하는 프롬프팅 - 다양한 관점에서 시도 - 반복적인 세부 조정	- 고양이의 기원, 종류, 고양이를 좋아하는 사람들의 특징, 좋아하게 하는 방법 말해 줘. - 너는 세계 최고의 로고 디자이너고 현재 세 마리의 고양이를 키우고 있어. 곰곰이 생각해 보고 로고를 그려. - 고양이를 한 번도 보지 못한 어린이라고 생각하고 순수함 그대로 그려 줘.
2. 동시통역사 (51, 여)	- '반짝이는 캐릭터' - 혁신형 I - 독창성, 개방성, 다양한 시각화	- 영어, 한국어 두 가지 언어로 프롬프팅 - 고양이가 아닌 다른 동물을 개입시켜서 비교 - 꼬리와 감정에 대한 키워드에 집중	- 고양이는 개와 비교하면 어떤 특이한 행동을 하지? - I'm thinking about naming a research center for the cat. - 꼬리로 감정을 표현하는 것 위주로 다시 네이밍을 해 줘.
3. 대학생 (25, 남)	- '가능성을 여는 긍정 능력자' - 적응형 A - 정교성, 감정/느낌, 움직임/소리, 공상	- 차갑다, 따듯하다는 등의 온도로 자주 표현 - 느낌이라는 단어의 사용 빈도 수가 매우 높음 - 전체적으로 정서적 접근	- cat이라는 단어가 들어간 친근한 느낌이 필요해. - 따뜻함이 사랑이 느껴지는 느낌으로. - institute나 research center라는 단어가 들어갈 필요는 없어.

4. 마케터 (30, 여)	- '다재다능한 스토리텔러' - 혁신 적응 통합형 I+A - 융통성, 이미지의 다채로움, 이야기의 명료성	- 상황에 맞춰 유연하게 접근 방식을 조정 - 새로운 정보를 받아들이고 기존 아이디어를 다른 방향으로 발전시키는 융통성 - 주체가 되는 고양이의 감정과 습성, 특징의 정보를 통합하는 아이디어의 연속적 연결	- 고양이는 기분 나쁠 때 어떻게 행동해? - 주인과 어떤 감정 교류를 해? - 고양이의 시력에 대해 알려 줄 수 있어? 고양이가 특별히 좋아하는 색이나 구별할 수 있는 색. - 실제로 비슷한 센터나 경쟁사가 있어?

1번 참여자의 경우 유창성이 뛰어난 혁신형이면서 언어적 표현에서 창의적 강점이 있기 때문에 이러한 사람들은 다양한 관점에서 생각하고 이를 언어로 표현하는 능력이 뛰어나다. 토론이나 협상 등에서 또는 팀 프로젝트에서 효과적이고 다채로운 의견을 제시할 수 있으며, 이는 여러 방면의 아이디어를 통해 새로운 접근을 할 수 있도록 문을 여는 역할이므로 결국에는 팀의 창의성과 생산성을 높이는 데에 큰 기여를 하기도 한다.

1번 참여자가 아이디어를 쏟아 내는 사람이라고 한다면, 2번 참여자는 생각지도 못했던 아이디어의 발상이나 조합으로 문제 해결을 해 나가는 타입이다. 기존의 접근 방식과는 다른 신선하고, 어두운 밤하늘에 순간 반짝이는 별처럼 떠오르는 독창적인 아이디어를 통해 문제를 새로운 시각으로 바라보게 만들기도 한다.

3번 참여자는 주어진 1차, 2차 테스크에서는 사실 정교성을 많이 발휘하지는 못했다. ATTA 테스트를 할 때만큼의 동기부여가 되지는 않은 모양이다. 한 문제당 주어지는 3분이라는 시간이 짧다고 느껴질 수 있는데, 많은 사람들이 그 3분을 다 충분히 쓰지 못하거나 집중하지 못하는 모습을 보인다. 3번 참여자의 경우는 ATTA 테스트를 하는 동안 주어진 시간을 끝까지 다 활용하고 집중하는 모습을 보였다. 답이 어느 정도 완성된 상태에서도 시간을 체크해 보고. 남은 시간이 있으면 디테일을 추가해 나가는 모습이 관찰되었다. 1, 2차 실험에 들어가서는 기대했던 모습이 실험에서 보이지는 않았으나 가능성을 여는 긍정 능력자로서 보여 준 감정의 이해와 공감 능력, 높은 상상력은 여러 상황에서 그 능력을 발휘할 수 있는 잠재성이 있다. 감정을 이해하는 능력에 정교성이 더해지면 보다 세심하고 효과적인 접근을 통한 소통이 이루어질 것이고, 공감 능력에 정교성이 더해지면 다른 사람들의 요구와 기대를 정확히 이해하고 분석하여 맞춤형 솔루션을 제시할 가능성도 높다. 3번 참여자 같은 유형의 사람은 문제 해결을 할 때 기존의 경험을 바탕으로 더 나은 방법을 모색함에 있어 실질적으로 실현 가능하게 만드는 힘을 지닌 사람이며, 팀이나 조직에서 성공 전략을 정확히 파악하고 실행해 나가는 과정에 있어 공감과 감정의 이해를 중심으로 사람 중심의 접근 방식을 취하기도 한다.

4번 참여자의 종합 창의성 점수가 다른 사람에 비해 크게 높지 않다는 것을 알 수 있다. 4번 참여자는 각 활동마다 시작할 때 생각하는 시간을 다른 사람들보다 조금 더 길게 갖는 것이 테스트 당시 관찰되었다. 이로 인해 상대적으로 다소 낮은 유창성 점수 결과를 가져왔으며, 이는 다른 모든 점수에 영향을 미치게 되었지만, 유창성 점수에 비해 다른 점수들은 높은 편이었다. 사람마다 창의적 사고 과정에 필요한 시간이 다를 수 있는데 4번 참여자는 특히 준비 단계(Preparation)와 부화 단계(Incubation)에 시간이 좀 더 필요한 사람일 수 있다. 각 활동마다 3분씩 주어지는 ATTA 테스트에서는 4번 참여자의 창의적 잠재성이 최대한 발현되지 않았을 수도 있다. 오히려 시간을 충분히 갖고 하는 1, 2차 테스크에서는 본인의 창의적 강점이 잘 드러난 것으로 보인다.

혁신-적응 통합형 유형으로서 융통성이 뛰어나며, 풍부한 이미지와 이야기 구성을 통해 창의적 표현을 잘하는 다재다능한 스토리텔러형은 조직 내 갈등 상황에서도 그 특성을 잘 활용하여 문제 해결에 기여할 수 있다. 이 유형은 문제를 여러 각도에서 바라보며, 관찰과 통찰을 통해 기존의 접근 방식을 존중하면서도 과감한 혁신적 아이디어를 제안하기도 한다. 해결 과정에서 팀원들 간의 원활한 소통을 촉진하고, 새로운 아이디어를 시각적으로 구체화하여 조직의 비전과 목표를 명확하고 효과적으로 전달함으로써 구성원들에게 영감을 주는 역할을 하기도 한다.

냥이마음풀이센터	Tail Signal Society	Whisker Whispers	Cattail Talk Bar
1번 참여자 '언어의 마술사'	2번 참여자 '반짝이는 캐릭터'	3번 참여자 '가능성을 여는 긍정 능력자'	4번 참여자 '다재다능한 스토리텔러'

　자신만의 창의성을 발휘해서 만들어 낸 결과물을 모아서 보면 이렇게 그 차이가 극명하다. 처음 테스크를 부여받고 ChatGPT 4.0으로 로고 작업을 시작할 때는 비슷한 프롬프트와 그에 따르는 비슷한 결과물들이 나왔다. 하지만 생성형 AI가 가진 한계를 직접 경험해 보고, 다른 사람들의 작업 내용을 비교해 본 후에는 자신만의 차이를 만들어 내고, 각자의 방식으로 해결책을 찾으려는 모습들이 관찰되었다. 그 결과, 각자의 창의성 유형이 달랐던 만큼이나 해결 과정과 결과물도 매우 달랐다는 것을 확인할 수 있었다.

　이 실험은 창의성 유형에 따라 로고 디자인이라는 창의적인 작업을 하는 과정을 보기 위한 실험으로서, 디자인의 퀄리티를 판단하는 부분은 사실 클라이언트의 특징과 취향에 따라 크게 달라질 수 있다. 단지 창의성이 높은 사람들은 클라이언트가 원하는 것과 마케팅 타깃에 대한 정확한 정보와 방향을 인지하고, 더욱 창의적이고 만족스러운 결과물을 만들어 낼 가능성이 높다. 디자인이 아니라 참여자 각자의 전문 분야에서는 더욱 결과물이 좋을 것이고, 이 실험은 결과의 퀄리티를 측정하는 것이 아니라 새로운 테스크가 주어지거나 새로운 테크놀로지를 접할 때 어떤 창의력을 이용하는지를 보는 것이므로 본인의 능력과 가능성을 안다면 결과는 극대화될 수 있다. 자신이 어떻게 사고하고 어떻게 문제를 해결해 나가는 사람인지, 즉 어떤 창의적 강점을 가지고 있는 사람인지를 안다면 동기 부여가 더욱 명확해질 수 있다. 반대로, 잠재력이 뛰어나더라도 본인의 능력을 잘못 이해하고 있는 경우에는 동기 부여 자체가 잘 안 될 수도 있다. 내재되어 있는 창의력이 제대로 발휘되려면 내적으로는 자신에 대한 명확한 인지가 필요하고, 외적으로는 적절한 동기 부여가 필요하다. 이 두 가지가 결합될 때 일의 효율은 극대화될 수 있다.

나의 창의성 유형을 알게 되면
AI 활용 방식은 이렇게 달라진다

이번 실험에서 확인할 수 있었던 또 하나의 핵심은, 생성형 AI는 단순한 도구가 아니라 '사용자의 창의성 유형을 반영하는 거울'이라는 점이다. 같은 AI 모델을 사용하더라도 프롬프트를 구성하는 방식, 피드백에 대한 반응, 아이디어를 받아들이는 태도에 따라 전혀 다른 결과가 도출된다. 이 과정에서 사용자의 문제 접근 스타일이나 아이디어 확장 방식, 디테일 구성 능력 등이 AI의 응답 패턴에 영향을 준다는 점이 확인되었다.

즉, 개인이 어떤 창의성 유형을 지니고 있는지를 알게 되면 생성형 AI를 어떻게 활용할지에 대한 전략도 달라질 수 있다. 예를 들어, 유창성과 융통성이 강한 유형은 아이디어 확산 단계에서 AI의 역할을 극대화할 수 있고, 정교성이 강한 유형은 초안을 바탕으로 한 수정과 구체화에 AI를 효과적으로 활용할 수 있다. 즉, 문제 접근 방식이 더 선명해져서 프롬프트의 질도 끌어올릴 수 있으며, 자신의 강점을 극대화시킬 수 있는 방법으로 AI 활용이 가능해진다. AI와 적절하게 역할 분담을 해서 전략적인 솔루션을 빠르게 가져오고, 일의 효율도 높일 수 있다. 반대로, 자신의 유형을 모른 채 AI를 사용하는 경우에는 기능적 활용에 그치거나, AI가 제공하는 결과를 그대로 수용해 버리는 등 창의적 확장력이 떨어질 수 있다.

책을 쓰는 동안 우리 두 명의 저자도 서로의 창의적 특성을 관찰하고 비교했다.

누구는 유창성과 독창성이 높은 반짝이는 캐릭터, 아이디어가 넘치고 그 쏟아지는 생각들을 프롬프트로 AI에게 던지며, 새로운 정보의 실마리를 찾아 나선다. AI의 방대한 정보 속에서 독창성을 발휘하게 만드는 트리거를 포착하면 새로운 아이디어가 다시금 솟아난다. 지속적인 외부의 자극을 필요로 하기 때문에 항상 AI에게 관련 질문 3가지를 제시해 달라고 요청한다.

다른 이는 생각의 전개가 빠른 편은 아니다. 창의적 사고 과정에서 부화 단계에 충분한 시간을 들이는 타입이다. 질문을 던지고, 질문을 다시 곱씹어 나가는 과정을 통해 생각을 발전시킨다. 속도보다는 깊이에 강하며, AI에게 이것저것 마구 묻기보다는 처음부터 적절한 답을 이끌어 낼 수 있도록 설명과 함께 공들여 질문하는 편이다. 창의적 사고 유형에 따라 자신만의 강점을 발휘하며, 같은 주제를 탐색하더라도 서로 다른 방식으로 프롬프트를 구성하고 각자 고유한 방식으로 창의력을 드러낸다.

서로를 이해하고, 서로의 다름을 통해 놀라운 시너지를 경험하기도 했다.

서로의 '다름'은 부족한 점을 보완하기도 했으며, 때때로 '다름'이 충돌할 때는 새로운 길을 여는 계기가 되기도 했다.

이러한 점에서 볼 때, 창의성 유형을 진단하고 AI 활용 방식과 연결시키는 일은 단순한 자기 이해를 넘어서 창의적 성과를 끌어올리기 위한 실질적인 전략이 될 수 있다. 창의력은 막연한 잠재력이 아니라 AI 시대에 구체적으로 작동하는 '사용 설명서'가 된다. 이처럼 창의성의 유형과 AI의 상호 작용을 이해하는 일은 더 나은 문제 해결과 더 독창적인 산출물을 만들어 내는 데 결정적인 기여를 할 수 있다.

이번 장에서 우리는 다양한 창의성의 유형에 따라 실제로 과제가 주어졌을 때 어떻게 다르게 대응하며 문제를 해결해 나가는지 살펴보았다. 이를 통해 우리 각자가 지닌 창의성의 독특한 특징과 잠재력을 실제적으로 어떻게 발휘할 수 있는지에 대해 깊이 생각해 볼 수 있는 기회가 되었길 바란다. 다음 장에서 우리는 '창의력이 세상을 바꾼다'라는 주제를 통해 창의적 발상, 남들과 다른 시각 그리고 끊임없는 창의적 노력이 어떻게 비즈니스 세계에서는 혁신을 이루었으며, 더 나아가 사회적 변화를 이끌어 내는지에 대한 다양한 사례를 살펴볼 것이다. 또한 창의력을 키우고 실제로 활용할 수 있는 여러 기법들도 소개할 예정이다. 창의력은 절대 개인의 영역에만 머무르지 않는다. 이는 우리 각자의 경계를 넘어서 세상에 긍정적인 변화를 가져다줄 수 있는 역량이며, 우리 인류의 역사를 이끌어 가는 중요한 열쇠임이 분명하다.

3장

창의력은 세상을 바꾼다

불편할 때가 기회다

우리가 매일 쓰는 '찍찍이'의 탄생 이야기

1941년 어느 화창한 가을날, 스위스의 알프스산맥에서 조르주 드 메스트랄이라는 남자가 반려견과 함께 산책을 즐기고 있었다. 바람도 시원하고, 공기도 맑고, 행복하게 산책을 마치고 돌아왔는데, 집에 오자마자 예상치 못한 '귀찮은 일'을 마주하게 되었다. 바로 그의 바지와 개의 털에 엉겅퀴 씨앗들이 정말 많이, 그것도 아주 꽉 달라붙어 있었던 것이다. 아무리 털어 내도 떨어지지 않아서 하나씩 잡아서 떼어 내야 하는 상황이었다.

처음에는 이 성가신 씨앗들을 떼어 내며 짜증이 났지만, 호기심 많은 드 메스트랄은 문득 이상한 점을 발견했다.

'어떻게 이 조그만 씨앗들이 이렇게 잘 붙어 있는 거지?'

개를 산책시켜 본 사람은 다 알겠지만, 이런 상황은 사실 귀찮고 피곤한 감정이 더 커서 다시 그쪽으로 가지 말아야겠다 정도로 끝날 상황이다. 평범한 사람이라면 그저 귀찮게 떼어 내고 말았을 이 상황에서, 그는 창의적인 시선으로 문제를 바라보았다. 그는 궁금증을 참지 못하고 현미경을 꺼내 들었다. 현미경으로 자세히 들여다보니 엉겅퀴 씨앗에는 미세한 갈고리들이 있었고, 이 갈고리들이 옷감의 작은 고리들과 단단히 엉켜 있었던 것이다. 그 순간, 드 메스트랄의 머릿속에 번뜩이는 아이디어가 떠올랐다.

"이거다! 이 원리를 이용하면 뭔가를 쉽게 붙였다 떼었다 할 수 있는 새로운 방법을 만들 수 있겠어!"

우리가 흔히 '찍찍이'라고 부르는 위대한 발명의 시작이었다. 불편함을 참지 않고 해결하려고 하는 생각, 문제의 인식과 해결로 이어지는 창의적 사고가 세상을 변화시키는 힘이 되는 시점이다.

물론 처음부터 완벽했던 것은 아니었다. 드 메스트랄은 갈고리와 고리의 크기, 밀도 등을 조정하며 수많은 실험을 거듭했다. 남들이 포기했을 법한 지점에서도 그는 끊임없이 도전하며 아이디어를 발전시켰다. 실패와 반복의 시간 동안 재정적인 어려움이 있었을 수도, 오랜 기간 매달리다 보면 흥미를 잃었을 수도 있다. 어쩌면 그냥 사라져 버리기가 더 쉬웠을지도 모르는 그날의 아이디어가 제품이 되기까지 걸린 시간은 14년이었다. 마침내 1955년, 그는 '벨크로(Velcro)'라는 이름으로 특허를 등록했다. 이 이름은 프랑스어로 벨벳을 뜻하는 '벨루어'와 갈고리를 뜻하는 '크로셰'를 합친 것이었다. 우리나라에서는 붙였다 떼었다 할 때 나는 소리 때문에 정겹게 '찍찍이'라 부르게 되었다.

사진 출처: https://m.web.mustit.co.kr/v2/m/product/product_detail/79498385

사진 출처: https://namu.wiki/w/%EC%9A%B0%EC%A3%BC%EB%B3%B5

특히 재미있는 것은 1960년대 NASA가 우주복에 이 찍찍이를 사용하면서 전 세계적으로 유명해졌다는 점이다. 우주인들이 무중력 상태에서도 물건을 쉽게 고정할 수 있게 해 준 고마운 발명품이었다. 한 사람의 창의적인 생각이 지구를 넘어 우주까지 영향을 미친 것이다. 잘 생각해 보면 지금은 우리가 하루도 '찍찍이'를 사용하지 않는 날이 없을 정도로 이 발명품은 우리 생활 깊숙이에 침투되어 있다. 주위를 한번 둘러보시길…. 아기 신발, 스포츠 용품, 의료 기기, 가방, 지갑, 패션 용품 등 어디에나 있다.

이렇게 우리가 아무 생각 없이 사용하는 찍찍이는 사실 한 남자가 개와 산책하다 옷에 붙은 성가신 씨앗에서 영감을 얻어 탄생한 것이다. 누군가의 귀찮은 경험이 문제를 인식하고 해결하려는 창의적 사고를 통해 세상을 조금 더 편리하게 만든 멋진 발명이 된 것이다. 이것이 바로 창의력이 세상을 바꾸는 힘이다. 평범한 일상에서 특별한 가능성을 발견하는 시선, 그것이 인류의 발전을 이끄는 원동력이 된다. 자연은 언제나 우리에게 놀라운 아이디어의 원천이 되고, 그것을 창의적으로 해석하는 사람들이 세상을 변화시키는 것이다.

제임스 다이슨 어워드(The James Dyson Award) '골든 캡슐'

　제임스 다이슨 어워드(The James Dyson Award)는 전 세계의 젊은 엔지니어와 디자이너들을 대상으로 한 국제 공모전으로, 혁신적이고 창의적인 아이디어를 발굴하고 지원하기 위해 제임스 다이슨(Sir James Dyson)이 설립했다. 이 대회는 일상 속 문제를 해결하기 위한 독창적인 솔루션을 찾는 데 중점을 두며, 학생들과 졸업생들에게 자신의 발명품을 소개하고 실현할 기회를 제공한다. 대회의 주요 목표는 창의적인 문제 해결을 장려하고, 젊은 창작자들이 새로운 아이디어를 통해 사회적·환경적 문제를 해결할 수 있도록 돕는 것이다. 참가자들은 기술적 타당성, 실용성, 지속 가능성을 고려한 발명품을 제출하며, 이는 실제로 상용화 가능성이 높은 아이디어로 발전하기도 한다. 2023년 국제전에서는 홍익대학교 산업디자인과와 기계시스템디자인공학과에 재학 중인 학생 4명으로 구성된 팀이 '골든 캡슐(The Golden Capsule)'이라는 수액 장치를 발명해서 한국 최초로 우승을 차지했다.

'골든 캡슐(The Golden Capsule)' 프로토타입

사진 출처: 골든 캡슐, 2023 제임스 다이슨 어워드 국제전 우승 | Design+(https://design.co.kr/article/489)

  '골든 캡슐(The Golden Capsule)'은 재난 현장에서 의료진이 환자 이송 시 수액 팩을 들고 있어야 하는 불편함과 위험성을 해소하기 위해 개발된 응급용 무동력 수액 주입 장치다. 창의적 발명은 종종 복잡한 기술이 아닌 기본 원리의 영리한 적용에서 찾을 수 있다. '골든 캡슐(The Golden Capsule)'은 이러한 철학을 완벽하게 보여 주는 사례다.

  재난 현장을 상상해 보자. 의료진은 부상자를 이송하면서 동시에 수액 주머니를 높이 들고 있어야 한다. 한 손은 계속 올린 상태로, 다른 손으로는 환자를 돌봐야 하는 이 비효율적이고 위험한 상황에서 '골든 캡슐'이라는 해결책이 탄생했다.

  이 장치의 주목할 만한 창의성은 바로 그 단순함에 있다. 고무의 탄성력과 압력 차이라는 기초적인 물리 법칙을 활용하여, 전기 공급 없이도 일정한 속도로 약물을 주입할 수 있게 만들었다. 이는 기존의 중력 의존적 수액 주입 방식과는 근본적으로 다른 접근법이다.

창의적 문제 해결의 핵심은 종종 익숙한 것을 새로운 시각으로 바라보는 능력에 있다. '골든 캡슐'의 설계자들은 수액 주입이라는 오래된 의료 절차를 다시 살펴보고, 중력에 의존하는 대신 탄성과 압력이라는 다른 자연 법칙을 활용했다.

이러한 사례는 창의성이 반드시 복잡하거나 첨단 기술에 의존하지 않는다는 중요한 교훈을 제공한다. 때로는 가장 단순한 원리가 가장 혁신적인 해결책을 만들어 내기도 한다. 진정한 창의성은 복잡함을 더하는 것이 아니라, 문제의 본질을 꿰뚫어 보고 그에 맞는 가장 단순하고 적합한 해결책을 찾아내는 데 있다.

이 해결책의 배경에는 디자이너들의 생생한 경험과 이를 해결하려는 열정적인 팀의 노력이 담겨 있다. 코로나19 확진으로 입원한 당시 수액을 맞은 채로 병동 이동이 불편하다고 느낀 리더 채유진 학생, 2008년 초등생 나이에 쓰촨성 대지진을 직접 마주한 중국인 백원 학생의 경험에서 해결책을 찾기 위한 고민이 골든 캡슐에 담겼다. 2008년, 쓰촨성 대지진이 발생했을 때, 백원 학생은 어린 나이에 가족과 함께 재난 현장을 목격하게 되었다. 무너진 건물들, 혼란스러운 구조 현장 속에서 특히 그의 기억에 선명히 남은 장면은 바로 의료진들이 환자를 이송하며 수액 팩을 높이 들고 뛰어다니는 모습이었다. 그는 그 장면을 보며 이런 생각이 들었다고 한다. '왜 위험하게 수액 팩을 손에

들고 뛰어다니지? 넘어질 것 같은데.' 시간이 지나 대학에 입학한 그는 이 경험을 잊지 않고 있었다. 특히 2023년, 튀르키예-시리아 대지진이 발생하며 뉴스 속에서 똑같은 장면을 다시 보게 되었다. 구조대원과 의료진이 한 손에는 수액 팩을 들고, 다른 손으로 환자를 부축하며 뛰어다니는 모습은 그를 과거로 되돌아가게 했다. 수업 시간에 만난 채유진 학생 역시 입원 당시 겪었던 불편함을 공유하게 되면서 그들은 이렇게 생각했다. '이제 우리가 그 문제를 해결해야 하지 않을까?'

골든 캡슐 팀은 아이디어를 구체화하기 위해 매일 밤늦게까지 모여 회의와 실험을 반복했다. 팀원 중 한 명은 친구의 생일 파티에서 사용된 풍선의 탄성력에서 힌트를 얻었다. "풍선처럼 탄성을 활용하면, 수액을 밀어낼 수 있지 않을까?"라는 질문이 골든 캡슐의 기본 원리를 만들어 냈다. 이후 다양한 프로토타입을 만들며 수십 번의 실패를 겪었지만, 팀원들은 '재난 현장에서 단 1초라도 의료진의 손을 자유롭게 해야 한다'는 목표를 되새기며 포기하지 않았다. 특히 팀원들은 프로젝트 중간에 "응급 상황에서 정말 쓸모가 있을까?"라는 고민이 들어 한밤중에 근처 공원으로 나가 가방 속에 실험 장치를 넣고 뛰어다니며 테스트를 하기도 했다. 주변 사람들이 이상한 눈으로 쳐다봤지만, 팀원들은 그 순간을 떠올리며 오히려 웃음을 짓곤 했다.

골든 캡슐은 이렇게 재난 현장에서의 불편함을 직접 해결하려는 열정과 창의적인 실험의 결과로 탄생했다. 의료진의 손을 자유롭게 하고, 환자의 생명을 지키는 이 장치는 단순한 장비 그 이상으로 '작은 불편을 끝까지 고민한 사람들'의 이야기를 담고 있다. 이 발명품은 이제 전 세계 재난 현장에서 새로운 표준이 될 가능성을 열며 주목받고 있다.

'쌀을 팔지 않는 쌀가게' 아코메야 도쿄

한때 일본에서 쌀은 단순한 양식을 넘어 삶의 중심이었다. 결혼식에서는 쌀떡을 나누어 복을 기원했고, 수확의 계절이면 마을 전체가 쌀의 풍요로움에 감사했다. '밥 한 그릇에 일곱 신이 깃든다'는 말처럼, 쌀 한 알도 함부로 버리지 않는 것이 미덕이었다.

옛날에 누가 상상이나 했겠는가? 쌀이 팔리지 않아 쌀가게가 문을 닫게 될 날이 올 줄을. 쌀은 일본인의 생명줄이었고, 쌀가게는 동네의 심장과도 같았다. 쌀 없는 일본은 상상조차 할 수 없었다.

하지만 시간은 모든 것을 변화시켰다. 서구화의 물결이 밀려오면서 빵과 파스타가 일본인의 식탁을 차지하기 시작했다. 바쁜 현대인들은 밥솥 앞에서 기다리기보다 빠르고 간편한 음식을 선택했다. 1인 가구가 늘어나면서 쌀을 사도 먹지 못하고 버리는 일이 잦아졌.

1960년대만 해도 일본인은 연간 100kg이 넘는 쌀을 소비했지만, 오늘날에는 그 절반도 채 먹지 않는다. 쌀은 이제 '옛날 음식', '할머니의 음식'이라는 이미지로 전락했다. 한때 번창했던 쌀가게들은 하나둘 문을 닫았고, 대대로 쌀농사를 지어 온 농부들은 생계를 위협받기 시작했다.

이런 시대적 배경 속에서 아코메야 도쿄의 창립자들은 근본적인 질문을 던졌다. 어떻게 하면 쌀, 이 소중한 일본의 전통을, 현대인의 삶 속에 다시 불러올 수 있을까?

"쌀은 정말 시대에 뒤처진 음식일까? 아니면, 우리가 쌀을 다루는 방식이 시대를 따라가지 못했을 뿐일까?"

"쌀은 여전히 일본인의 DNA에 각인된 소울 푸드다. 하지만 쌀을 밥그릇에서 꺼내어 더 멋지고 세련된 무대로 올려 보면 어떨까?"

이 발상은 전통적인 쌀가게를 '쌀로 새로운 라이프 스타일을 제안하는 공간'으로 재탄생시키는 데 기반이 되었다. 특히, '아코메야'라는 이름은 일본어로 '쌀가게(米屋)'를 뜻하는 '고메야'에 영어의 부정관사 'A'를 붙여 만들어졌다. 이는 '쌀가게지만 단순한 쌀가게는 아니다'라는 이중적인 의미를 담고 있다. 또한, 전통적인 쌀가게의 느낌을 유지하면서도 현대 소비자들에게 어필할 수 있는 세련된 감각을 표현한 이름이다.

브랜드의 시작은 긴자의 한 작은 매장이었다. 하지만 이곳은 단순히 쌀을 파는 곳이 아니었다. 다양한 쌀 품종을 경험할 수 있는 공간, 쌀로 만든 요리를 맛볼 수 있는 레스토랑 그리고 일본 전통 식문화를 현대적으로 재해석한 디자인이 조화를 이루는 매장이었다. 고객들은 쌀을 '구매'하기 위해서가 아니라, 쌀을 '경험'하기 위해 이곳을 찾기 시작했다. 고객들은 매장에서 일본 각지의 특색 있는 쌀을 고르고, 자신만의 도정 정도를 선택하며, 쌀의 신선함을 직접 느낄 수 있었다. 쌀로 만든 요리를 맛보며 그 풍미를 체험했고, 전통을 현대적으로 재구성한 패키지와 공간 디자인은 쌀을 '세련된 문화'로 다시 인식하게 했다. 쌀을 단순한 식재료가 아닌 경험으로 재해석하며 소비자와 소통하는 공간으로 자리 잡았다. 브랜드가 만들어 낸 다양한 에피소드는 아코메야가 쌀의 가치를 어떻게 새롭게 보여 주었는지를 잘 보여준다.

아코메야 도쿄는 한번은 매장에서 현장 도정 서비스를 체험한 고객들이 도정 기계에서 나는 리드미컬한 소리를 듣고 신선한 재미를 느꼈다. 쌀이 살아 움직이는 듯한 소리에 감탄하며 "이 소리를 배경 음악으로 만들어 줄 수 없냐"는 농담을 던지기도 했다. 이후 아코메야는 이 소리를 실제 홍보 영상에 활용해 쌀의 신선함을 강조하는 방법으로 사용했다.

쌀 품평회에서 벌어진 에피소드도 흥미롭다. 고객들에게 같은 품종의 쌀을 두 가지 방식으로 조리해 시식을 권했는데, 대부분이 두 그릇이 완전히 다른 쌀이라고 생각했다. 사실 하나는 일반 밥솥, 다른 하나는 전통 가마솥으로 지은 것뿐이었다. 이 작은 실험은 쌀이 조리 방법에 따라 얼마나 다른 맛을 낼 수 있는지를 소비자에게 각인시키며 쌀의 매력을 효과적으로 전달했다.

직원과 고객 사이의 에피소드도 있다. 한 매장에서 일하는 '쌀 덕후' 직원은 일본 각지의 쌀 품종과 특징을 모두 외우고 있었다. 한 고객이 특정 지역의 쌀을 맞힐 수 있겠느냐고 도전하자, 그는 단번에 맞혔다. 게다가 쌀을 씹어 본 뒤 그 해의 수확 환경까지 설명해 고객을 놀라게 했다. 이런 전문성은 단순히 쌀을 파는 것을 넘어 쌀에 대한 신뢰를 쌓는 데 기여했다. 에피소드들은 아코메야가 단순한 쌀가게가 아니라, 고객과의 소통과 경험을 통해 쌀의 새로운 가치를 만들어 내는 브랜드라는 것을 보여 준다. 이런 작은 순간들이 쌀의 진가를 다시금 알리는 데 중요한 역할을 했다.

"쌀 소비가 줄어든 것은 사람들이 쌀을 싫어해서가 아니다. 그저 쌀이 얼마나 다양하고 매력적인지 잊었을 뿐이다."

아코메야는 이 잊힌 매력을 되살려내며, 쌀을 전통의 무게에서 벗어나 현대인의 삶에 새롭게 자리 잡게 만들었다. 결국, 쌀 소비의 하락은 아코메야에게 있어 단순한 위기가 아니라, 새로운 스토리를 쓸 기회의 시작이었던 것이다. '쌀을 다시 중심으로'라는 그들의 비전은 오늘날 일본뿐 아니라, 전 세계에서 쌀의 가치를 재발견하게 만드는 영감이 되고 있다. 아코메야 도쿄는 '위기'와 '변화'를 전혀 다른 시각으로 접근하는 창의성으로 전통적인 쌀의 이미지를 현대적으로 재구성하며 쌀을 밥상의 주인공에서 라이프 스타일의 중심으로 승격시켰다. 이로써 단순한 쌀가게에서 벗어나 일본의 새로운 문화 아이콘으로 자리 잡게 된 것이다.

도쿄 아코메야 매장 전경

사진 출처: 아코메야도쿄
(https://triple.guide/restaurants/f31d007c-2828-4ca5-ba07-532780001aa5)

아코메야의 쌀 관련 상품들

시선을 바꾸면 보인다:
창의성을 촉진하는 방법들

이 장에서는 창의력을 발휘하고 새로운 아이디어를 생성하는 데 도움이 되는 여러 기법들을 소개하고자 한다. 앞에서 말했듯이 창의력은 단순히 예술가나 작가만의 전유물이 아닌, 모든 직업군과 일상생활에서 반드시 필요로 하는 중요한 능력이다. 창의력은 계발 가능한 능력으로 여러 방법을 통해 향상시킬 수 있다. 다양한 접근 방식 중에서 브레인스토밍(Brainstorming), 스캠퍼(SCAMPER), 대안적 사용(Alternate Uses), 여섯 색깔 생각하는 모자(Six Thinking Hats), 반대로 생각하기(Flipping) 같은 대표적 기법을 집중적으로 살펴보도록 하겠다.

브레인스토밍처럼 널리 알려진 기법들은 이름만 들어도 익숙하게 느껴지는 경우가 많다. 그러나 많은 사람들이 '안다'고 생각하는 순간, 정작 그 핵심 원리나 올바른 활용법을 제대로 이해하고 적용하지 못하는 경우도 적지 않다. 이 장에서는 익숙하다고 여겨지는 다양한 기법들을 새롭게 조명하고, 처음 접하는 방법들은 그 본질과 활용법을 구체적으로 살펴보고자 한다. 나아가, 이러한 기법들을 실질적인 창의력 향상과 어떻게 연결할 수 있을지, 더 깊이 있고 효과적으로 활용하는 방법에 대해서도 함께 고민해 보고자 한다.

각 기법은 창의적 사고를 확장하고, 문제 해결 과정에서 다양한 관점과 접근을 통해 새로운 해결책을 찾아내려 할 때 유용하다. 예를 들어, '대안적 사용'은 주어진 물체나 개념을 전혀 다른 용도로 활용하는 연습을 통해 사고의 유연성을 기를 수 있다. 브레인스토밍은 집단 내에서 아이디어를 자유롭게 발산하여 아이디어의 수를 늘리며, 생각의 폭을 넓히는 데 도움을 준다. 스캠퍼 기법은 특정 아이디어를 변형하고 확장하여 보다 창의적인 결과를 이끌어 내는 과정을 제공하며, 여섯 색깔 생각하는 모자 기법은 문제를 다양한 관점에서 바라보고 평가하는 구조화된 방법을 통해 공감을 이끌어 내어 최적의 해결책을 찾아 나갈 수 있게 도와준다. 반대로 생각하기는 고정된 사고방식의 경계를 깨고 전혀 새로운 방향을 탐색하게 한다. 이런 다양한 기법들을 통해 우리는 일상에서 창의력을 꾸준히 강화하고, 모든 문제에 대해 새롭고 창의적인 접근법을 발견할 수 있을 것이다.

브레인스토밍(Brainstorming)

브레인스토밍이란 폭풍처럼 아이디어를 몰아쳐 표현하는 기법으로, 아이디어의 질보다는 양에 더 초점이 맞추어져 있다고 볼 수 있다. 특정 주제를 가지고 여러 사람이 자유롭게 많은 생각을 표현하고 교환함으로써 가장 적절한 해결책에 도달하는 방법으로 기업 내 그룹 회의에서 많이 사용되어 왔다. 브레인스토밍이라는 개념은 광고 전문가인 알렉스 오스번에 의해 1930년대에 처음 소개되었고, 이후 오스번은 여러 책들을 통해 그 원리와 사용 방법에 대해 설명하였다. 기업 환경에서 특히 집단으로 창의적 아이디어를 자발적인 분위기에서 생산하고자 할 때 많이 쓰이는 기법 중 하나로 자리 잡게 되었다. 자유로운 분위기에서 거침없이 아이디어를 생산하고 표현하는 것이 브레인스토밍 기법의 기본이지만, 창의적 사고를 최대한 촉진하기 위해서는 다음의 네 가지 기본 규칙이 있다.

- ✓ 양으로 승부
- ✓ 비판은 나중에
- ✓ 톡톡 튀는 아이디어 환영
- ✓ 아이디어 결합 및 개선

알렉스 오스번은 위의 네 가지 규칙을 적용하여 브레인스토밍을 하기에 앞서, 모든 참여자에게 반드시 브레인스토밍 주제를 명확히 설명해야 한다고 했다. 문제점이 무엇이며, 무엇에 대한 의견을 내야 하는지 정확하게 이해하고 있어야 그 효과가 더욱 크기 때문이다.

1. 아이디어 양이 중요하다는 것은 브레인스토밍에서는 아이디어 질보다는 양으로 승부한다는 말이다. 이는 아이디어의 질이 중요하지 않다는 의미가 아니라 무수히 많은 양의 아이디어를 내다 보면 결국 독창적이고 효과적인 해결책에 도달할 가능성이 커지게 된다는 의미다. 즉, '양이 질을 낳는다'는 원칙에 입각한 것이다.

2. 비판은 최대한 자제해야 한다. 상대방의 의견에 서로 비판을 하기 시작하면 비판받기가 두려워 아이디어를 자유롭게 표현하기 힘들어진다. 그러나 비판 없이 아이디어를 내도록 분위기를 만들고 독려한다면, 위축되거나 거침없이 어떠한 아이디어도 자발적으로 쉽게 낼 수 있을 것이다. 비판보다는 오히려 아이디어를 확장하거나 추가하는 데에 더욱 집중하는 것이 브레인스토밍의 목적이기도 하다.

3. 자유로운 발상이 적극 장려된다. 누구나 생각할 수 있는 평범한 아이디어가 아니라 이례적이고 독창적인 아이디를 적극적으로 낼 수

있도록 격려해야 한다. 다소 다른 사람들의 생각과는 너무 동떨어진 생각이라 판단하여 표현하기를 주저하거나 꺼려하는 사람이 없도록 자유롭게 표현할 수 있는 회의 분위기를 만들어야 한다. 2번과 3번은 상당히 관련이 높다. 아이디어에 대한 비판이나 평가가 자제됨으로써 더욱 자유로운 분위기에서 어떠한 생각이라도 마음껏 표현할 수 있는 가능성이 높아질 것이다.

4. 효과적인 협력의 결과를 표현할 때 종종 '1+1=3'이라는 표현이 사용된다. 이는 개별적인 노력의 합보다 더 큰 집단적인 결과를 낼 수 있다는 의미다. 개개인이 혼자서만 아이디어를 고민하고 생각한다면 결과는 그뿐일 것이다. 그러나 이를 그룹 안에서 나누고 같이 고민하다 보면, 서로의 아이디어를 발판으로 새로운 아이디어를 생성해 낼 수도 있다. 브레인스토밍 같은 기법을 사용하여 각자의 아이디어를 교류, 결합, 개선함으로써 더욱 독창적이고 효율적인 솔루션 제안이 가능한 시너지 효과를 낼 수 있게 될 것이다.

미국의 한 초등학교에서 창의성 검사를 할 때의 일이다. 주어진 도형을 이용하여 그림을 그리는 검사였는데, 한 아이가 "선생님, 여기 있는 도형들을 *** 이용해서 그려도 되나요?"라고 묻자, 그 반 전체 스무 명 정도의 아이들이 갑자기 웅성웅성하더니 "그렇게도 할 수 있겠구

나. 그럼 나는 이런 방법으로 그려야지." 등 저마다 처음 아이의 말을 기준으로 새로운 아이디어를 발전시키려고 한 적이 있었다. 집단 창의성 검사가 아니라 개별 창의성 검사를 그룹 세팅에서 한 것이었기 때문에, 결국 그 반의 검사 데이터는 오염되어 사용하지 못하였던 당황스러운 경험이 있었다. 채점 결과, 그 반의 평균 창의성 검사가 다른 반보다 높게 나오기도 했다. 이는 다른 사람의 아이디어를 통해 어떻게 집단 내에서 창의적인 생각을 촉발할 수 있는지를 보여 준 예다. 이러한 상황은 창의성이 개인적인 성과만이 아니라, 서로의 아이디어에서 영감을 받아 함께 성장할 수 있는 집단적 활동이 될 수 있음을 잘 드러내고 있다.

그렇다면 AI는 브레인스토밍을 어떻게 할까? 방대한 데이터를 기반으로 하고 있는 생성형 AI는 얼마나 다양한 아이디어를 내놓는지, 우리가 어떻게 다른지 알아보기 위해 ChatGPT에게 'MZ 세대들을 위한 회사의 새로운 복지 제도'라는 가상의 주제를 주고 브레인스토밍을 제안해 보았다.

MZ 세대들을 위한 회사의 새로운 복지 제도에 대한 아이디어 브레인스토밍:
첫 번째 브레인스토밍의 결과물 요약

MZ 세대(밀레니얼 + Z세대)는 자율성, 워라밸, 성장, 가치 소비를 중시하는 경향이 있다. 이를 반영한 새로운 복지 제도를 아래와 같이 제안할 수 있다.

① **유연한 근무 환경 & 업무 효율성**
- 주4일제/선택적 출근제
- 디지털 노마드 지원
- AI 비서 & 자동화 툴 지원

② **자기 계발 & 성장 지원**
- 자기 개발비 연간 100만 원 지원
- 사이드 프로젝트 지원금

③ **MZ 세대 맞춤형 복지 & 문화**
- 커피/스낵 무제한 + 취향 맞춤 구독 서비스 지원
- 반려동물 케어 지원
- 연애 & 결혼 지원 복지

④ **워라밸 & 정신 건강 케어**
- 리프레시 휴가제
- 심리 상담 & 코칭 지원
- 퇴근 후 업무 차단 제도

⑤ **사회적 가치 & ESG 연계**
- 기부 & 봉사 휴가
- 친환경 출퇴근 지원

위의 내용은 주요 내용만 요약 및 정리한 것이고, ChatGPT는 각 아이디어별로 구체적인 방법들도 함께 제시했다. 아이디어들을 쏟아 내는 데는 10초 정도밖에는 안 걸렸지만, 보는 바와 같이 아이디어들은 다소 평범하고 일반적인 듯했다. '너무 일반적이다. 더 혁신적인 방향으로, 처음 나온 아이디어는 제외하고.'와 같은 구체적인 피드백을 주는 프롬프팅으로 다른 결과를 끌어내 보았다. AI는 주어진 문제나 주제에 대해 최초의 아이디어나 해결책을 생성한 후 피드백을 주면 생성된 아이디어를 여러 기준(논리성, 창의성, 실현 가능성 등)에 따라 스스로 평가한다. 개선 및 정제 평가 결과를 바탕으로 아이디어의 약점을 보완하고, 더 나은 솔루션을 만들어 내기도 하는데, 이런 '반복적 정제 프로세스(Iterative Refinement Process)'는 인간의 브레인스토밍에서 팀원들이 서로의 아이디어를 계속 발전시키고 개선하는 과정과 비슷하다고 할 수 있다. AI는 알고리즘과 데이터를 통해 이 과정을 빠르고 체계적으로 수행할 수도 있다고 기대했다.

지금 나온 아이디어들을 제외한 혁신적인 방향으로:
두 번째 브레인스토밍의 결과물 요약

MZ 세대는 **개인의 개성과 경험을 중시**하고, **기존 관행을 벗어난 파격적인 혜택**을 선호하는 경향이 있음. 이를 반영한 더 창의적이고 실험적인 복지 제도를 제안함.

① 자기표현 지원금(Self-Expression Fund)
  - 직원 개개인의 개성을 살릴 수 있도록 **패션·헤어·타투 지원금 지급**
  - '회사 로고 문신하면 평생 연금'같은 파격 복지(?)도 가능
  - 자율 복장제를 넘어 아예 '스타일링 컨설팅' 제공
  WHY?
  MZ 세대는 '나만의 개성'을 중요하게 여기며, 회사가 이런 부분을 존중하면 애사심도 증가

② 일론 머스크 도전금(Crazy Project Fund)
  - '기존에 없던 미친 아이디어'를 제안하면 회사에서 1년간 지원금 지급
  - 성공 여부와 관계없이, 창의성을 인정받으면 연말 보너스 추가 지급
  - 실패하더라도 기록을 남기고 공유하여 '도전하는 문화' 조성
  WHY?
  MZ 세대는 기존 방식보다는 '새로운 시도'를 더 중요하게 생각하며, 회사도 혁신적인 아이디어를 얻을 수 있음

③ 월급 랜덤 뽑기(Random Salary Bonus)
  - 매월 직원 중 한 명에게 랜덤 보너스 지급 (예: 최대 100만 원)
  - 모든 직원이 자동으로 참여하며, '랜덤 요소'가 동기 부여 역할 수행
  - 일정 성과 이상 달성 시 '더블 보너스 확률 증가
  WHY?
  MZ 세대는 게임 요소(가챠, 뽑기, 확률 UP)를 즐김 → 기대감과 재미 요소 추가

④ 진짜 OFF 복지(Extreme Work-Life Balance Policy)
  WHY?
  MZ 세대는 '쉬면서도 일 걱정을 해야 하는 상황'을 싫어함 → 강제라도 '디지털 디톡스' 제공

⑤ AI 페르소나 복지(AI Persona Program)
  - 직원이 출근 안 해도 AI가 대신 근무하는 시스템 도입
  - 개인의 업무 패턴을 학습한 AI가 자동으로 회의 참석, 이메일 작성, 일정 관리
  WHY?
  MZ 세대는 AI에 익숙하며, '노동 시간을 줄이고 효율을 극대화'하는 것을 원함

⑥ 퇴사 쿠폰(Exit Bonus Program)
  - 일정 기간(예: 3년) 근속하면 '퇴사할 때 받는 보너스' 지급
  - 퇴사 이유 불문, 깔끔한 이별을 위한 지원금(예: 새로운 도전금 300만 원)
  WHY?
  MZ 세대는 평생직장 개념보다 다양한 경험을 중시 → 회사와 좋은 관계 유지

⑦ 회사 글로벌 탐방권(Company Global Pass)
  - 직원이 해외에서 1년간 원격 근무 가능(비용 일부 지원)
  - 연 1회, 다른 나라의 기업 문화를 체험하는 기회 제공
  WHY?
  MZ 세대는 여행과 일의 조화를 중요하게 생각 → 글로벌 경험을 복지로 활용 가능

⑧ 퇴근 후 게임 대회(E-Sports 복지)
  WHY?
  MZ 세대는 게임을 좋아하며, 경쟁 요소가 있으면 더 열정적으로 참여

⑨ 미슐랭 런치 패스(Gourmet Lunch Program)
  WHY?
  MZ 세대는 '가성비보다는 퀄리티'를 중요하게 생각 → 일하면서도 좋은 경험 제공

⑩ 헬프 미 크루즈(Burnout Recovery Cruise)
- 직원이 번아웃에 빠지면, 회사가 크루즈 여행 제공
WHY?
MZ 세대는 번아웃이 오기 전에 '회사가 먼저 케어해 주는 것'을 원함

AI와의 브레인스토밍 과정에서 흥미로운 점을 발견했다. 두 번째 브레인스토밍에서는 더욱 기발하고 재미있는 아이디어들이 구체적으로 도출되었다. 브레인스토밍 단계에서는 현실적 실현 가능성보다 아이디어의 풍부함이 중요한데, AI는 매우 짧은 시간 안에 우리가 따라가지 못하거나, 어떻게 이렇게 많은 아이디어가 나올까 두려워할 만한 수준의 다양한 제안을 쏟아 냈다.

특히 '사내 E-Sports 대회' 아이디어에 흥미를 느껴 추가 발전을 요청했을 때, AI는 대회 운영 방식, 종목, 상품 등에 관한 구체적인 시행 방안을 상세히 제시했다. 다양한 상품과 상금 제안을 검토하다 보니 이전에 논의했던 '미슐랭 런치패스' 아이디어를 상품으로 활용하면 좋겠다는 생각이 들었다. 그러나 AI는 이런 연결점을 자발적으로 찾기보다는 새로운 제안을 계속 생성하는 경향을 보였다. 결국 '런치패스를 상품으로 넣어 대회를 다시 구성해 봐'라는 구체적인 지시를 했을 때만 이전 아이디어와의 연결이 이루어졌다.

이는 생성형 AI가 다양한 아이디어 생성에는 뛰어나지만, 기존에 제

시된 아이디어들 간의 연관성을 찾거나 직관적으로 통합하는 능력은 아직 제한적임을 보여 준다. 또한 인간은 이런 상호 작용이 실시간으로 언어뿐만 아니라 분위기, 뉘앙스, 제스처 같은 여러 가지 방법으로 소통이 되면서 시너지를 폭발시키는 반면, AI는 프롬프팅의 입·출력이 없이는 이루어지지 못한다는 한계가 있기도 했다. 이미지 생성 AI도 유사한 한계를 보이는데, 이미 생성된 이미지들을 효과적으로 결합하는 데 어려움을 겪는 경우가 많다. 이미지 생성 AI는 텍스트 프롬프트에 따라 이미지를 생성하지 두 이미지 간의 구조적 관계나 내러티브적 맥락을 정확히 파악하진 못하기 때문이다. '이 그림의 배경은 이 이미지에서 따오고, 인물은 저 이미지처럼 해 줘'라고 해도, 두 이미지를 해체-재구성해서 하나의 조화로운 이미지로 '의미 있게' 결합하는 것은 어렵다.

이러한 특성은 생성형 AI의 현재 기술적 한계를 보여 주는 동시에 인간과 AI의 상호 보완적 협업 가능성을 시사한다. AI가 브레인스토밍하는 방식에 주목해 보자. AI는 브레인스토밍을 할 때 데이터베이스에 저장된 수많은 정보들 사이의 연결 고리를 찾아내는 작업을 한다. ChatGPT에게 브레인스토밍을 요청하면, 이 AI는 방대한 텍스트 데이터에서 학습한 패턴을 바탕으로 연관된 개념들을 끌어내고 조합하는 과정을 거친다.

우리는 브레인스토밍 할 때 개인적 경험과 감정 그리고 문화적 배경에 영향을 받는다. AI는 순수하게 데이터 기반의 확률적 추론을 활용한다. 이런 접근법은 AI가 인간이 미처 생각하지 못한 연관성을 발견하게 해 주기도 한다. 그러나 AI는 진정한 의미에서의 창의적 비약이나 깊은 맥락적 이해가 부족하다는 한계도 가진다. 그래서 AI와 인간의 브레인스토밍 협업은 서로의 강점을 활용하는 효과적인 방법이 될 수 있다. 인간은 직관과 경험을, AI는 방대한 데이터 처리 능력을 제공함으로써 더욱 풍부하고 다양한 아이디어가 생성될 수 있기 때문이다.

<인간과 AI 브레인스토밍의 차이점>

구분	인간의 브레인스토밍	생성형 AI의 브레인스토밍
창의성	직관적, 비선형적, 감정 기반	데이터 패턴 기반, 논리적 추론
상호작용	실시간 감정적 교감, 비언어적 소통	비동기적, 명시적 입력/출력
맥락 이해	깊은 문화적, 감정적 맥락	표면적 데이터 기반 맥락
학습 방식	경험과 실패를 통한 유기적 학습	대규모 데이터셋 통계적 학습
편향성	개인적, 문화적 편견 존재	데이터 기반 객관적 접근
윤리적 판단	복합적이고 상황별 판단	프로그래밍 된 가이드라인 내 판단
정서적 요소	감정, 직관, 공감 중요	감정 없음, 논리적 연산
아이디어 생성	비예측적, 혁신적 비약	패턴 기반 조합과 재구성

스캠퍼(SCAMPER)

SCAMPER(스캠퍼) 또한 창의적 사고를 촉진하는 방법 중 하나로, 특히 새로운 아이디어 생성과 기존 아이디어 변형 시 유용하게 사용되는 기법이다. 알렉스 오스본(Alex Osborn)의 브레인스토밍 기법을 기반으로 하였으며, 밥 에이벌(Bob Eberle)에 의해 체계화되었다. 'SCAMPER' 각 글자는 창의적 사고를 유도하는 질문들을 대표하는 약자다.

Substitute 대체하기	기존의 것이 있는데 이를 대체할 다른 물품이나 방법이 있을까?
Combine 결합하기	두 가지 이상의 것을 합쳐 더 새로운 것을 생성할 수 있을까?
Adapt 적용하기	어떠한 물건이나 방법을 기존에 사용하던 방법 말고 새로운 목적과 용도에 사용하면 어떨까?
Modify 변형하기	모양이나 특성을 변형, 확대, 축소한다면?
Put to another use 다른 용도로 사용하기	기존의 제품이나 서비스를 전혀 다른 용도로 사용한다면?
Eliminate 제거하기	어떤 것의 일부를 제거한다면?
Reverse 뒤집기	어떤 것의 순서, 모양 등을 뒤집거나 재배치한다면?

스캠퍼 기법은 신제품이나 새로운 서비스 개선을 위해 다양한 아이디어가 필요할 때 사용될 수 있으며, 브레인스토밍과 같이 확산적 사

고가 중심이지만 브레인스토밍보다는 어느 정도 구체적 대안을 도출하기도 한다. 스캠퍼의 7가지 질문을 통해 다양한 관점에서 보다 창의적이고 독창적인 해결책을 생각해 볼 수 있을 것이다.

요즘 몇 달 동안 대전 지역에 살면서 평생 먹을 밀가루 양의 절반은 먹고 있는 것 같은 기분이 든다. 칼국수, 빵 등등 특히 내가 좋아하는 음식이 도처에 깔려 있으니 행복하기도 하지만, 다이어트에 신경 써야 할 나이인 만큼 내적 갈등이 끊이지 않는다. 행복한 고민이다.

그중에서도 오랜 역사와 전통을 자랑하며 대전의 명물로 자리매김한 성심당은 나의 관심을 사로잡기에 충분했으며, 이제는 줄 서기에 익숙해져 가는 나를 발견하며 놀라곤 한다. 기다리는 동안 끊임없이 늘어나는 줄을 보면서 '성심당의 인기 비결은 무엇일까?', '어떤 점이 사람들을 대전으로 모이게 한 것일까?'에 대한 궁금함은 커져 갔다.

성심당의 성공 요인에는 여러 가지가 있겠지만, 독특한 아이디어와 마케팅 방법도 큰 몫을 하고 있다고 생각한다. 성심당의 다양하고 창의적인 마케팅 아이디어들을 이 스캠퍼를 중심으로 한번 분석해 보았다.

Substitute 대체하기	제철 과일을 제품에 적극 이용한다. 딸기 시즌에는 딸기시루케이크를, 여름철에는 망고를 이용한 망고시루케이크를 만든다. 현재 계획하고 있는 또 다른 재료의 제품으로는 생귤생귤케이크가 있다고 한다.
Combine 결합하기	사회, 문화 행사와 결합한다. 3~4월에는 기독교 행사 중 하나인 부활절(Easter)이 있다. 성심당은 매년 부활절 콘셉트에 맞춰 부활둥지빵, 포도송이빵, 십자가빵과 같은 특별한 빵을 출시하고 있다. 2024년에는 4월 10일 선거일에 함께 투표하기를 바라며 '4.10.'이라고 새겨져 있는 선거 빵(투표 빵)을 만들기도 했다.

Adapt 적용하기	시대적 징표에 응답하는 에코 프로젝트. 2019년 전 매장에서 물티슈를 퇴출시키고, 에코혁신팀과 에코오지랖팀을 선발하여 지속적인 에코 교육과 에코 성심 프로젝트를 진행하고 있다.
Modify 변형하기	가장 인기 메뉴인 튀김소보로의 변형. 팥 대신 고구마를 넣은 튀소구마 그리고 초코를 코팅한 초코튀소까지 다양한 튀소 가족 메뉴를 만들었다.
Put to another use 다른 용도로 사용하기	성심당 빵을 활용한 새로운 가치 창출. 성심당 주변에는 성심당에서 구매한 빵을 먹고 갈 수 있는 브런치 카페와 성심당문화원이 있다. 특히 성심당문화원은 음료뿐 아니라 굿즈까지 판매하며 성심당의 문화와 역사를 느끼게 하는 토탈 공간이다.
Eliminate 제거하기	대전 지역 이외의 사람은 제외시켰다. 온라인 구매의 장점은 직접 방문하지 않고 집에서 편하게 제품을 받아 볼 수 있는 것이다. 그러나 성심당 쇼핑몰은 몇몇 개별 포장된 전통과자와 파운드케이크류만 빼고는 배송 지역을 대전으로만 제한함으로써 소비자들이 대전 성심당을 직접 찾아오게 한다.
Reverse 뒤집기	과장 광고는커녕 오히려 과소 광고를 한다고 알려짐. 딸기 시루케이크의 실제 무게가 표기 무게인 2.3kg을 훌쩍 넘는다는 인증 사진들이 소비자들 사이에 유행하면서, 재료를 아낌없이 사용하는 고객을 위하는 회사라고 오히려 바이럴 마케팅이 되었다.

위의 표는 현재 시행 중이거나 이미 시도한 마케팅 활동을 분석한 것이며, 스캠퍼 기법은 기존 아이디어나 제품을 재조명하고, 다양한 방식을 통해 새로운 가능성을 탐색하며 아이디어 발전을 촉진하는 데 큰 역할을 한다. 교육 현장에서는 문제 해결 능력과 창의적 사고 기술을 향상시키는 효과적인 학습 도구로 활용되며, 이는 개인과 조직이 주어진 자원을 이용해 다양한 관점으로 생각할 수 있는 유연성과 적

응력을 개발하는 데 도움을 준다. 또한 이 과정은 팀 협업과 의사소통을 강화하는 기회를 제공한다.

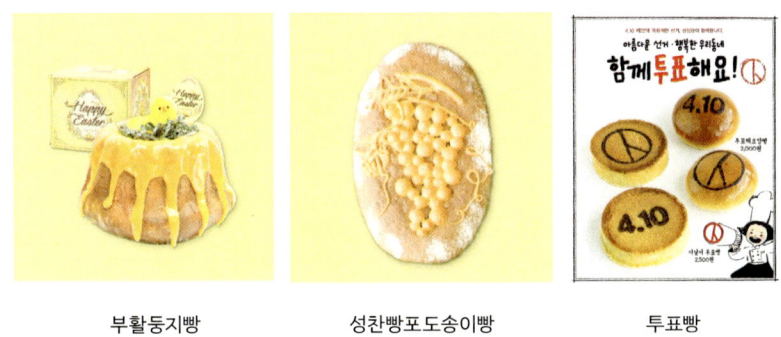

부활둥지빵   성찬빵포도송이빵   투표빵

사진 출처: 성심당(https://www.sungsimdangmall.co.kr/),
성심당 인스타그램(https://www.instagram.com/sungsimdang_official/p/C4W3f4aJiQM/)

여섯 색깔 생각하는 모자(Six Thinking Hats)

　에드워드 드 보노(Edward de Bono, 1985)가 개발한 기법으로, 다양한 관점에서 사고하고 다른 사람의 의견을 이해하여 효율적인 의사소통을 촉진하는 데에 효과적인 방법이다. 특히 그룹 토론을 통한 의사 결정을 할 때에 많이 쓰인다. 여섯 가지 색깔의 모자가 있는데, 각 색깔이 상징하는 의미가 다르다. 참여자가 그중 하나의 모자를 쓰고 그 색깔이 상징하는 특정한 사고로 생각하며 토론에 참여하는 것이다. 다

른 색깔의 모자를 쓰고 다른 관점에서 사고하는 기회를 제공함으로써 보다 폭넓고 다양한 생각을 가지고 문제를 창의적으로 해결해 나가는 능력을 개발해 나갈 수 있다. 이 기법을 통해 각기 다른 관점에서 문제를 평가하고 균형 잡힌 결정을 내릴 수 있다.

각 색깔의 모자가 나타내는 사고 기법과 역할은 아래의 표에 설명되어 있다.

	흰색 모자(White Hat): 객관적 사고- 객관적 정보와 데이터에 기반한 사고
	노란색 모자(Yellow Hat): 낙관적 사고- 긍정적 관점의 사고로, 장점과 성공 가능성 등을 탐색
	검은색 모자(Black Hat): 비판적 사고- 부정적이고 비판적인 관점에서 실패 가능성 및 잠재적 문제점, 위험성 탐색
	빨간색 모자(Red Hat): 감정적 사고- 주관적 느낌과 감정, 직관적 관점의 사고
	초록색 모자(Green Hat): 창의적 사고- 새로운 아이디어와 창의적 해결책 모색

 파란색 모자(Blue Hat): 중재적 사고-
조절, 중재적 관점에서 회의 흐름을 관리, 정리

사진 출처: The de Bono Group, https://www.debonogroup.com/services/core-programs/six-thinking-hats/

예를 들어, 검은 모자를 쓴 팀원은 어떤 아이디어나 정책을 실행함에 있어 가능한 모든 위험 요소를 지적하면서 보수적인 접근을 하고, 녹색 모자를 쓴 팀원은 창의적이고 혁신적인 해결책을 제안하게 된다. 이렇게 서로 다른 관점을 이해하고 통합함으로써 팀은 한쪽으로 치우치지 않고 더 균형 잡힌 의사결정을 할 수 있다. 또한 이 기법은 서로의 입장을 이해하고 공감하는 과정을 통해 의사소통을 개선하고 갈등을 줄이는 데에도 기여한다. 즉, 필요한 협업은 극대화, 불필요한 감정 소모나 상호 작용은 최소화할 수 있다. 모든 팀원이 의견을 표현할 기회를 갖게 하여 의사 결정 과정에 참여하게 함으로써 역동적이고 결과 지향적인 회의를 만들어 나가게 된다. 따라서, 아이디어를 실행에 옮기기 전 다각도로 검토하고 조율해야 할 때에 문제, 결정 사항, 기회 등을 체계적으로 고려할 수 있게 도와준다.

앞선 'MZ 세대들을 위한 사내 복지 제도 개선' 브레인스토밍에서 AI가 제시한 아이디어 중 '반려동물 케어 지원'이 있었다. 이 아이디어를 좀 더 발전시켜 반려동물을 회사에 데리고 올 수 있는 'Pet Day'를 만들어 봤다. 회사에서 이 아이디어에 대한 실행 가능성 검증을 위해 여섯 색깔 생각하는 모자 기법을 활용한다면 어떤 내용이 나올까? 대신해서 생성형 AI에게 회의를 시켜 봤으며, 결과물은 다음과 같다.

Pet Day 도입 관련 회의록

일시: 2025년 4월 2일
참석자: A(정보), B(감정), C(위험), D(긍정), E(대안), F(진행자)
주제: Pet Day(반려동물을 회사에 데려오는 날) 도입 여부 논의
회의 기법: Edward de Bono의 Six Thinking Hats

1. White Hat- 사실 및 정보
- 해외 기업 사례 존재(Amazon, Google 등)
- 직원 만족도 향상 보고 있음
- 사내 알레르기 비율 및 공간 설비 관련 정보 부족

2. Red Hat- 감정 및 직관
- 반려동물 있는 직원에게는 큰 만족감을 줄 수 있음
- 반려동물에 익숙하지 않은 직원은 불편할 수 있음
- 회사 분위기에 따뜻함을 더할 수 있음

3. Black Hat- 위험 요소
- 알레르기, 위생, 짖는 소리 등으로 인한 업무 방해 우려
- 반려동물 간의 충돌 가능성
- 비반려인 직원의 소외감 우려

4. Yellow Hat- 긍정 요소
- 스트레스 해소, 팀워크 강화, 조직 문화 개선 기대
- 이직률 감소 효과 가능
- 기업 이미지 및 마케팅에 긍정적 효과

5. Green Hat- 대안 및 창의적 제안
- 예약제 운영 (ex. 한번에 3마리 제한+사전 신청)
- 동물 없는 직원 대상 대체 프로그램 동물 테라피 체험 등)
- 시범 기간 후 정식 도입 여부 결정 제안

6. Blue Hat- 회의 정리 및 다음 단계
진행자 F 요약:
- 장점과 단점이 모두 명확함
- 전 직원의 다양한 입장을 고려할 필요
- 다음과 같은 실행 계획 도출:

결론 및 실행안
1. 직원 대상 설문조사 실시
2. 사무실 환경 및 보험 조건 점검
3. 1달간 시범 운영 후 피드백 수렴
4. 데이터 기반으로 정식 도입 여부 결정

위의 ChatGPT의 시뮬레이션에서 보듯이 여러 각도에서 'Pet Day' 아이디어를 평가함으로써 그 장단점과 실행 가능성을 종합적으로 고려할 수 있다. 그러나 진행이 원활하지 않고 잘 안 될 때에도 있을 것이다. 여러 이유들이 있을 것이며, 문제점들에 대한 해결 방안을 다음과 같이 제안할 수 있다.

문제점	해결 방안
1. 각각의 모자 색깔이 상징하고 의미하는 사고방식을 제대로 이해하지 못했을 경우	토론 시작 전에 기본 원리와 각 모자의 색깔이 상징하는 사고방식을 충분히 이해할 수 있게 설명한다.
2. 각자 자신에게 주어진 모자의 역할 이해 부족으로 본인이 취해야 하는 입장을 명확히 하고, 그에 맞는 사고방식으로 토론을 하지 못할 때	역할의 혼란이 있을 때에는 참여자에게 각자 맡은 모자의 역할을 다시 상기시켜 준다.
3. 참여자마다 모두 태도가 같을 수는 없다. 몇몇은 너무 조용하고 의견을 내지 않거나, 또는 너무 주도적으로 말을 많이 하려고 할 때	발언 시간을 제한하는 것도 하나의 방법이 될 수 있으며, 조용한 토론자한테는 중재자가 신경 써서 질문하여 의견을 이끌어 내는 것이 중요하다.
4. 참여자들이 한 관점에서 다른 관점으로 쉽게 전환하여 아이디어를 내지 못할 때	다각도의 관점을 가지고 생각해 보는 것을 적극 장려하고 자유로운 분위기에서 의견을 표현하도록 격려한다.

대안적 사용(Alternate Uses): '냅킨'

대안적 사용 브레인스토밍은 특정 물건의 기존 용도를 넘어 새로운 사용 방식을 창의적으로 탐구하는 과정이다. 기존 용도를 잠시 배제하고, 이 아이템이 어떤 새로운 역할을 할 수 있을지 자유롭게 아이디어를 내는 과정을 거친다. 창의적인 사고를 장려하며, 물리적, 심리적, 기능적 혹은 문화적 관점에서 새로운 가능성을 탐구한다. 이 과정에서 나온 아이디어는 비현실적일 수도 있지만, 혁신적인 발상을 촉진하는 중요한 발판이 된다.

지금부터 창의력 폭발 뇌 운동을 함께 해보자. 여기 냅킨이 있다. 냅킨은 일반적으로 식사 중 손이나 입을 닦는 용도로 사용된다. 하지만 브레인스토밍을 통해 이 기본적인 용도를 벗어난 다양한 활용 가능성을 상상해 볼 수 있다. 지금부터 30초에 타이머를 맞추고 그 시간 안에 냅킨의 다른 용도를 생각해 보자. 자! 시~ 작~!

몇 개까지 생각했는지 꼽아 보면 개인별로 차이는 있겠지만 5개를 넘지 못하는 것이 보통이다. 잘했다거나 못했다는 기준은 없다. 다만 같은 사물을 다른 시각으로 보는 훈련 중 하나다. 냅킨으로 꽃을 만들거나, 양복 윗주머니에 손수건처럼 꼽는다거나, 구겨서 물감을 찍어 내는 스탬프처럼 활용될 수도 있을 것이다. 캠핑이나 소풍 같은 야외 활동 중에는 간이 접시처럼 이용되기도 한다. 바(Bar)에서 이성에게

플러팅을 할 때 전화번호를 적어서 건넬 수 있는 쪽지가 되기도 한다. 나 때는 그런 일들이 있기도 했다. 요즘은 에어드롭이나 인스타그램을 쓰겠지만….

냅킨이 발명품의 첫 스케치를 담은 시작점이 된 사례도 있다. 프랑스를 대표하는 세계적인 산업 디자이너, 필립 스탁(Philippe Starck)이 쥬시 살리프(Juicy Salif)의 초기 아이디어를 스케치한 냅킨은 디자인 역사에서 유명한 일화로 알려져 있다. '쥬시 살리프(Juicy Salif)'는 1990년에 컨템포러리 이탈리아 브랜드 알레시(Alessi)와 협업하여 만든 레몬즙 짜개로, 디자인계에서는 현재까지도 늘 회자되는 디자인이다. 문어 다리처럼 생긴 유기적인 형태는 전통적인 조리 도구의 이미지를 완전히 탈피하며, 기능보다는 형태적 실험과 시각적 충격을 강조한다. 실제로는 즙이 흘러내리기 쉽고 받침대 위치가 불편해 실용성이 떨어진다는 비판도 있지만, 필립 스탁은 제품이 단지 레몬즙을 짜기 위한 도구가 아니라 대화를 유발하는 오브제라고 설명해서 더욱 유명해지기도 했다. 그런데 이 논란의 레몬즙 짜개의 스케치는 스탁이 이탈리아의 한 해변 레스토랑에서 피자를 기다리며 즉흥적으로 그린 것으로 전해진다.

| 필립 스탁의 쥬시 살리프 스케치 | 필립 스탁의 쥬시 살리프 제품 |

사진 출처:
https://www.maisonkorea.com/

    이 스케치에는 쥬시 살리프의 독특한 형태가 간단한 선으로 표현되어 있으며, 주변에는 다른 아이디어나 메모가 함께 적혀 있다. 이러한 즉흥적인 스케치가 현대 디자인의 아이콘 중 하나로 발전한 것은 매우 흥미로운 사실이다. 이 스케치는 필립 스탁의 창의성과 디자인 과정의 독특함을 보여 주는 중요한 자료로 평가받고 있다. 또한, 이러한 스케치가 실제 제품으로 구현되어 알레시(Alessi)의 대표작 중 하나로 자리매김한 것은 디자인 역사에서 주목할 만한 사례다. 쥬시 살리프는 단순한 주방 도구를 넘어 예술적 오브제로 인정받고 있으며, 이러한 초기 스케치는 그 가치를 더욱 높여 준다. 이 냅킨 스케치는 디자인 과정에서의 즉흥성과 창의성의 중요성을 보여 주는 사례로, 많은 디자이너와 디자인 애호가들에게 영감을 주고 있다.

반대로 생각하기(Flipping)

 최근 <협상의 기술>이라는 드라마가 있다. 대기업의 M&A 주제를 가지고 펼쳐지는 이야기로, 11조 원의 부채 해결을 위해 어느 자회사들을 매각하여 자금을 만들지 고민하는 대목이 나온다. 자회사들 중 유일하게 흑자를 내고 있는 캐시플로우인 건설사만 남기고, 매출과 영업 이익을 계산해서 꼴찌부터 차례로 모두 다 팔아야 한다고 입을 모을 때, 전설의 협상가 주인공은 반대로 건설사를 매각하자고 한다. "이게 미쳤나…. 산인기업은 건설로 먹고 살아. 건설 팔면 다 망해."라는 대사처럼 임원들은 이와 같은 의견에 당황한다. "알짜만 빼고 나머지를 다 팔겠다고 하면 그 순간 산인은 망합니다.", "마이너스 사업을 팔면 버리는 거지만, 건설을 팔면 시장이 주목한다"고 반박하는 주인공. 결국 건설사를 성공적으로 매각했지만 여전히 부채를 해결하려면 2조 5천억이 부족한 상황이다. 주인공에게 이제 다음엔 뭘 팔 거냐고 물어보는 회장에게 주인공은 이렇게 대답한다.

 "이번에는 사겠습니다."

 2조 5천억 원을 마련하기 위해 자회사를 추가적으로 파는 게 아니라 오히려 다른 회사를 산다고 대답한 것이다. 과연 주인공은 회사를 살릴 수 있는 것일까?

 반대로 생각하기(Flipping)는 우리가 흔히 가지고 있는 일정한 생각의 틀을 깨트리고 전혀 다른 새로운 방향으로 생각을 확장시켜 준다. 다음과 같은 세 가지 흥미로운 주제를 통해 좀 더 깊이 있게 생각해 보고자 한다. 실패연구소에서는 실패를 부정적인 것으로 보지 않고 오히려 배움과 성장의 발판이 되는 방법으로 재해석한다. 카지노에 없는 3가지에서는 '왜 카지노에는 시계, 창문, 거울이 없을까?'를 생각해 보면서 '특정 환경에서는 절대 없어야 한다고 생각되는 것들이 어쩌면 다른 환경에서는 절대적으로 필요하고 소중한 것들이 되지 않을까?'를 고민해 본다. 마지막으로 AI '제외의 벽'에서는 AI가 가지고 있는 한계를 오히려 창의적 발상의 도구로 전환해 볼 수 있는 가능성을 제안한다.

실패연구소

사진 출처: 김대현 촬영

"나는 실패한 것이 아니었다. 단지 성공하지 않는 10,000가지 방법을 발견했을 뿐이다."
- 에디슨

"결국 실패 같은 것은 없다. 다른 방식으로 얻은 교훈이 있을 뿐이다."
- 트와일라 타프

"실패는 막다른 길이 아닌 우회로다."
- 지그 지글러

이 명언들은 카이스트(KAIST), 실패연구소 웹사이트에 있는 명언들이다. 카이스트에는 실패연구소라는 곳이 있다. 모든 사람들이 '성공'에 대해 강조하고 어떻게 하면 성공할 수 있으며, 성공 사례에 집중하고 있을 때, 이 연구소는 '실패'에 대해 이야기한다. 실패는 성장의 필수적인 부분이며, 우리가 진정으로 배우고 발전할 수 있는 기회를 제공하기 때문이다. 우리가 성공이라는 목표를 향해 그 길을 제대로 찾아 나가기 위해서는 실패라는 나침반이 반드시 필요하다. 실패는 우리가 잘못된 방향으로 가고 있음을 알려 주고, 더 나은 선택을 시도하도록 도와주기 때문이다.

카이스트 실패연구소는 실패를 단순한 좌절이 아닌, 중요한 학습의 기회로 바라본다. 다양한 실패 사례를 발굴하고 수집하며, 이를 분석해 실패를 체계적으로 이해할 수 있는 틀을 만드는 연구를 진행하고 있다. 개인이나 조직은 이 과정을 통해 무엇이 잘못되었는지, 왜 그런 결과에 이르렀는지 그리고 어떻게 개선할 수 있을지를 배운다. 실패를 깊이 들여다보는 과정 속에서 우리는 더 나은 길을 찾고, 때로는 전혀 새로운 아이디어와 혁신적인 해결책을 발견하게 될 것이다.

창의적 사고에서 '반대로 생각하기(Flipping)'는 굉장히 중요하다. 이러한 사고방식은 문제 해결과 혁신을 위해 새로운 시각과 접근 방법을 제공하기 때문이다. 반대로 생각하기를 통해 우리는 기존의 사고 패턴에서 벗어나 새롭고 독창적인 해결책을 찾아낼 수 있다. 또한 반복되는 일상 속에서 남들은 모두 괜찮다며 문제점을 느끼지 못할 때에도 보다 나은 방법과 결과의 가능성을 고민하며 다른 방법을 모색할 수 있다. 이 과정이 문제 인식의 첫발이며, 동시에 창의적 사고의 시작이고, 혁신적인 변화로 이어질 수 있는 발판이 된다. 카이스트에서 실패연구소를 접했을 때 나는 실패연구소야말로 '반대로 생각하기'의 전략을 활용하여 문제를 다르게 바라보는 대표적 예라고 생각했다. 모든 사람과 사회가 성공을 향해 달려가고 있을 때 실패연구소는 실패에 주목한다. 실패를 숨기거나 부끄러워하기보다는 나누고 공유하며 분석함으로써 그 속에서 발견할 수 있는 창의적 교훈을 중시하기 때문이다. 이러한 접근 방식은 창의적 사고를 촉진하며, 전혀 예상치 못한 방향에서 해결책을 찾아낼 수 있게도 한다.

실패는 누구에게나 찾아온다. 개인도, 조직도 실패를 끊임없이 경험해 왔고, 앞으로도 경험할 것이다. 중요한 것은 실패를 단순한 손실이나 좌절로 바라보지 않는 시각이다. 우리는 실패를 경험한 개인이 그 경험을 바탕으로 더 깊은 리더십을 발휘하고, 실패를 겪은 조직이 교훈을 얻어 전략을 재조정하는 기회로 삼을 수 있다고 믿는다. 실패를 바라보는 관점을 '반대로 생각하는 것'이 필요한 이유다.

창의적 리더십은 실패에서 교훈을 끌어내어 이를 새로운 성공의 기회로 전환시키는 데서 시작된다. 창의적 사고란 새로운 것을 시도하고, 불확실한 미지의 영역을 탐험하는 일이다. 이 과정에서 실패는 반드시 거치게 되는 자연스러운 경험이다. 결국 실패를 두려워한다면 창의적 혁신 또한 기대할 수 없을 것이다.

카지노에 없는 3가지

카지노 게임 플로어에는 세 가지가 의도적으로 존재하지 않는다. 시계, 창문 그리고 거울이다. 이러한 부재는 우연이 아닌 철저한 계산에 의한 것이다.

시계가 없는 공간에서는 시간의 흐름을 인식하기 어렵다. 손목시계를 차고 있더라도 주변 환경에서 시간을 알려 주는 단서가 없으면 사람들은 자연스럽게 시간 감각을 잃게 된다. "한 판만 더"가 어느새 몇 시간으로 늘어나는 것이다.

창문의 부재는 외부 세계와의 단절을 만든다. 해가 뜨고 지는 것을 볼 수 없으니 낮인지 밤인지조차 구분하기 어렵다. 이 고립된 공간 속에서 현실은 점점 멀어지고, 게임의 세계만이 전부가 된다.

거울이 없다는 것은 자신을 객관적으로 바라볼 기회가 사라진다는 의미다. 피곤한 얼굴, 지친 표정, 초조한 모습을 볼 수 없으니 자기 상태에 대한 인식도 흐려진다. 이는 자연스럽게 더 오랜 시간 게임에 몰두하게 만든다.

이런 전략은 카지노만의 것이 아니다. 백화점에 창문이 적고, 1층에 화장실을 두지 않는 것도 같은 맥락이다. 고객의 동선과 체류 시간을 늘려 소비를 촉진하는 공간 설계의 기술이다.

이처럼 부재하는 것들은 때로 존재하는 것들보다 더 강력한 영향력을 발휘한다. 카지노의 설계는 인간 심리에 대한 깊은 이해를 바탕으로, 특정 요소들을 의도적으로 제거함으로써 고객의 행동과 선택을 교묘하게 이끌어 내는 심리학의 실전 적용인 셈이다.

그렇다면 굳이 카지노나 백화점에서 의도적으로 없앤 요소들은 사실은 우리 삶에서 매우 필요한 요소들이라고 거꾸로 생각해 볼 수 있지 않을까?

시계는 시간의 흐름을 깨닫게 해 주며, 하루를 계획하고 목표를 설정하도록 돕는다. 시간의 존재는 우리의 목표를 구체화하고, 하루하루를 소중히 여기게 만든다. 삶의 방향성을 잡는 데 없어서는 안 될 존재다.

창문은 세상과 연결되며 새로운 공기와 빛을 받아들이게 한다. 이는 단절이 아닌 연결의 상징이며, 삶에 균형과 신선함을 더한다. 나는 집 안에 있지만 창문을 통해서 집 밖에 비가 오는지, 바람이 부는지, 차가 많은지, 이웃에게 어떤 일이 일어나는지 살펴보면서 일상의 균형을 맞출 수 있다. 창문 열어 집 안에만 갇혀 있던 공기를 환기시키듯이, 자신 안에만 갇혀 있는 생각과 감정들을 공유하거나 표현하면서 배우고 발전하기도 한다.

거울은 자신을 마주하게 하고, 자아를 성찰하며 성장할 기회를 준다. 거울 앞에 서는 순간, 우리는 자신을 마주하며 지금의 모습과 상태를 확인한다. 영화나 드라마에서 술에 취한 주인공이 거울을 들여다보며 정신을 차리려고 애쓰는 장면, 잘못을 저질러 놓고 거울에 비친 자신을 뚫어지게 쳐다보는 장면들은 모두에게 익숙할 것이다. 이런 장면들은 단순한 행동을 넘어선 상징적 의미를 지닌다. 술에 취했을 때 거울 속의 눈이 풀리고 어딘가 흐트러진 모습은 자신의 상태를 직시하게 만들며, 정신을 차려야 할 필요성을 느끼게 한다. 그 순간 거울은 스스로에게 "괜찮아?", "정신 차려야 하지 않아?"라는 질문을 던지는 도구가 된다. 이는 단순히 취한 상태를 확인하는 것에 그치지 않고, 스스로를 돌아보고 통제력을 되찾으려는 내적 과정의 시작이다. 잘못을 했을 때 거울을 보는 행위도 마찬가지다. 자신의 얼굴을 마주하는 순간, 우리는 우리 안에 있는 부끄러움과 후회를 직면하게 된다. 내가 저지른 행동을 스스로 되돌아보는 중요한 과정이 되는 것이다. 이때 거울은 "스스로를 용서할 준비가 되었는가?" 혹은 "이후 어떻게 행동할 것인가?"라는 질문을 던지는 매개체가 된다. 이처럼 거울은 현실의 나를 객관적으로 바라볼 수 있는 기회를 제공하며, 그 과정을 통해 우리는 자신의 내면과 외면 모두를 성찰할 수 있다.

카지노에서 없어야 하는 물건들은 반대로 생각하게 되면 이렇듯 우리에게 없어서는 안 될 물건이 된다. 우리는 반대로 접근함으로써 새로운 아이디어를 얻게 될 수도 있고, 뜻하지 않게 삶의 중요한 통찰을 얻게 될 수도 있다. 시계가 없는 공간은 시간의 소중함을 일깨워 주고, 창문이 없는 곳은 외부와의 연결의 가치를 재발견하게 한다. 거울이 없는 환경은 스스로 돌아볼 필요성을 강조한다. 이처럼 반대로 생각하는 접근은 우리가 평소 간과했던 본질적 가치를 되돌아보게 하며, 삶을 더 깊이 이해할 기회를 제공한다. 우리로 하여금 새로운 시각과 통찰을 얻게 하는 것, 이것이 반대로 생각하기의 진정한 가치인지도 모른다.

AI '제외의 벽'

생성형 AI는 짧은 시간에 많은 아이디어를 생성할 수 있는 능력을 가지고 있다. 그 이유는 방대한 데이터를 기반으로 다양한 주제에 대한 정보를 빠르게 결합하고, 이를 새로운 관점에서 조합할 수 있기 때문이다. 인간은 때때로 특정 사고방식에 갇히거나 피로감으로 인해 창의력이 저하될 수 있지만, AI는 이러한 한계 없이 끊임없이 아이디어를 생산한다. 이처럼 AI는 빠른 시간 안에 대량의 아이디어를 생성할 수 있어 브레인스토밍에 큰 도움을 준다. 창의력 테스트를 기반으로 평가하자면 AI는 유창성(number of ideas) 면에서는 탁월한 능력을 보인다. 하지만 AI와 여러 차례 브레인스토밍이나 ideation을 해 본 결과, 유창성에 비해서 독창적이거나 흥미를 확 잡아끄는 아이디어를 내지는 못한다. Six Thinking Hats나 SCAMPER의 방법과 구조를 설명하기 위해서 AI에게 'MZ 세대들을 위한 회사의 새로운 복지 제도'라는 같은 주제로 아이디어를 내보라고 했을 때 실행은 순식간에 해내지만, 첫 프롬프팅에서 아이디어 자체는 크게 주목할 만한 것이 안 나오는 것을 앞선 챕터에서 우리는 확인할 수 있었다.

나는 design concept 수업을 할 때 학생들에게 다소 과장되지만 이렇게 애기하곤 한다.

"첫 번째로 떠오르는 아이디어는 개나 줘 버려!"

이는 초기 아이디어가 누구나 비슷하게 떠올릴 수 있는 보편적이고 익숙한 발상에 머물러 있기 때문이며, 진정한 창의성은 그 단계를 넘어서는 과정에서 발현된다는 뜻이다. 그런 점에서 AI의 일반적, 포괄적, 피상적인 답들은 어쩌면 우리가 하는 브레인스토밍의 첫 단계와도 비슷한 면이 있다는 생각이 든다. AI가 브레인스토밍에서 제시하는 아이디어들이 빠르고 다양하더라도, 그 자체로 독창적이지 못하다는 지적은 당연할 수 있다. AI는 방대한 데이터와 통계적 분석을 기반으로 패턴과 조합을 생성하기 때문에, 많은 경우 이미 존재하거나 예측 가능한 방향에서 벗어나지 못한다. 즉, 첫 번째 프롬프팅에서 AI가 제공하는 아이디어들은 종종 '익숙함'이라는 한계를 벗어나지 못하며, 우리가 목표로 하는 '독창성'과는 거리가 있을 수 있다.

그렇다면! 이 상황도 반대로 생각해 볼 수 있지 않을까?

흔한 아이디어를 단순히 받아들이는 대신, '제외의 벽'으로 활용해 보면 어떨까?

아이디어를 생성하는 대신 AI가 제안한 리스트를 벽에 붙여 놓고 '이것들은 금지!'라는 조건을 추가한다면, 브레인스토밍의 결과는 완전히 달라질 수 있다. 이 과정에서 사람들은 AI가 제시한 흔하고 보편적인 발상을 피하려고 노력하며, 자연스럽게 더 독창적이고 창의적인 아이디어를 내기 위해 머리를 굴리게 된다. '이 범위를 벗어나라'는 단순한 제한이 오히려 창의성을 촉진하는 원동력이 된다.

이 방식은 심리적으로도 흥미롭다. 사람들은 제한된 조건 속에서 더 독창적인 해결책을 찾으려는 본능이 있다. 벽에 붙은 익숙한 아이디어들이 일종의 '금지 구역' 역할을 하게 되면서, 참여자들은 "AI가 생각할 수 없는 건 뭘까?", "이 아이디어와 완전히 다른 방향은 뭘까?",

"AI를 이길 수 있잖아?"와 같은 질문을 던지게 된다. 제한은 도전이 되고, 도전은 새로운 발상의 계기가 된다. 또한 이 접근법은 브레인스토밍 세션을 더욱 압축적이고 효과적으로 만들어 준다. AI가 일반적이고 예상 가능한 아이디어들을 미리 걸러 주는 역할을 하기 때문에 참가자들은 곧바로 독창적인 발상을 모색하는 데 집중할 수 있다. 첫 번째로 떠오르는 흔한 아이디어의 단계를 생략하고, 더 깊고 창의적인 결과로 바로 이어지는 셈이다.

결국 이 방법은 단순히 AI를 아이디어 생성기로 사용하는 것을 넘어, 반대로 AI의 한계를 창의적 도구로 전환하는 새로운 가능성을 열어 준다. AI가 제안한 아이디어를 제외하고 시작한다는 이 역발상은, 인간의 창의성과 AI의 효율성을 극대화할 수 있는 흥미로운 실험이 될 것이다. AI가 남긴 흔적을 발판 삼아, 인간은 그 흔적을 넘어서는 상상력의 새로운 지평을 열 수 있지 않을까?

창의성의 다른 해석

창의성은 순간의 불꽃이 아닌 꾸준한 불씨

이 책의 서두에서 마티아스 베네덱과 11명의 학자들이 2021년에 발표한 연구(마티아스 베네덱 외 11명, 2021, 「창의성 신화: 창의성에 대한 오해의 보편성과 상관관계」, Personality and Individual Differences, 182, Article 111068. DOI:10.1016/j.paid.2021.111068)에 대해서 언급한 바 있다. 사람들이 일반적으로 갖고 있는 여러 가지 오해들 중 많은 사람들이 사실이라고 믿는 대표적인 항목들엔 다음과 같은 것들이 있다. '창의적인 성과는 대개 갑작스러운 영감의 결과다.'라는 것과 '사람들은 특정 양의 창의성을 가지고 있으며, 이를 바꾸기 위해 할 수 있는 일은 많지 않다.'는 것이다.

사람들이 창의력을 순간적으로 발휘되는 능력이라고 생각하는 이유는, 일견 그것이 마치 마술사가 무대 위에서 순식간에 토끼를 모자에서 꺼내는 것처럼 보이기 때문이다. 그러나 무대 뒤에는 그 순간을 완벽하게 만들어 내기 위한 오랜 연습과 준비 과정이 숨겨져 있을 것이다. 창의적인 결과물 역시 겉으로는 단번에 이루어진 것처럼 보이지만, 그 뒤에는 오랜 시간 축적된 지식과 시행착오가 존재한다. 또한 대중문화는 창의력을 마치 번뜩이는 영감만으로 이루어지는 것처럼 묘사한다. 영화나 드라마 속 주인공이 한순간에 아이디어를 떠올리고 문제를 해결하는 장면은 창의력이 쉽게 발휘될 수 있다는 환상을 심어 준다. 이러한 연출은 마치 마술의 화려한 순간만을 보여 주는 것과 같아서, 그 뒤에 감춰진 치밀한 준비와 노력을 간과하게 만든다. 게다가, 사람들은 자신의 경험에서도 창의력이 순간적으로 발휘되는 것처럼 느끼기 쉽다. 갑작스레 떠오르는 아이디어는 마치 불꽃놀이의 섬광처럼 빠르게 스치는 듯하지만, 사실 그 불꽃이 터지기 위해서는 이전에 쌓인 준비물, 즉 오랜 시간의 학습과 경험이 필요하다. 이 과정을 간과하고 그 순간의 빛나는 장면만 기억하게 되면서, 창의력을 단순히 즉각적인 능력으로 오해하는 경우가 많다. 샤워하다가 혹은 화장실에 앉아서 볼일을 보다가 '그래! 이거지!' 했던 경험들이 있을 것이다. 그때도 마치 그 순간에 번뜩이는 아이디어가 떠오른 것처럼 느껴지지만, 사실은 오랫동안 고민하고 생각하고 찾아보고 했던 시간들이 마음을 릴렉스하고 있는 무의식의 상황에서 의식으로 전환되었을 뿐이다. 결국 창의력은 한순간의 마술이 아니라, 무대 뒤에서 반복적으로 연습하고 준비한

끝에 빛을 발하는 결과물이다. 사람들은 그 화려한 결과에만 주목하지만, 그 이면에는 보이지 않는 꾸준한 노력과 시간이 존재한다.

창의력은 단순히 한순간의 영감에서 비롯되는 것이 아니라, 꾸준한 노력과 학습을 통해 길러지는 능력이기도 하다. 말콤 글래드웰의 저서 <아웃라이어>에서 소개된 '만 시간의 법칙'은 세계적인 수준의 전문성과 창의력은 최소 10,000시간의 집중적 연습과 경험을 통해 완성된다고 주장한다. 이는 심리학자 앤더스 에릭슨의 연구에서 기초한 것으로, 창의력 또한 반복적인 학습과 지속적인 노력이 뒷받침될 때 더욱 강화된다는 점을 시사한다.

창의력은 기존의 아이디어를 연결하고 재구성하며 새로운 가치를 창출하는 과정에서 탄생한다. 이를 위해서는 다양한 경험과 지식이 필요하며, 이는 오랜 시간 동안 축적된다. 예를 들어, 아인슈타인의 상대성 이론은 단순한 영감의 순간에서 나온 것이 아니라, 물리학 문제를 깊이 탐구하고 오랜 시간 연구한 결과로 탄생했다. 또한, 신경과학에서 말하는 신경가소성은 반복적인 학습이 뇌의 신경망을 재구성하여 창의적인 사고를 가능하게 한다는 점을 보여 준다. 즉, 꾸준한 노력은 뇌가 더 유연하고 창의적으로 사고할 수 있는 상태를 만들어 준다. 창의적인 인물들의 사례에서도 이를 확인할 수 있다. 작가 스티븐 킹과 어네스트 헤밍웨이는 "매일 글을 쓰는 습관이 창의력을 유지하는 데 핵심"이라고 언급했으며, 레오나르도 다빈치 또한 수많은 실험과 학습 과정을 거쳐 걸작을 완성했다. 이처럼 창의력은 단순히 순간적인 스파크가 아니라, 지속적인 학습과 연습이라는 토대 위에서 빛을 발한다.

트와일라 타프

트와일라 타프는 일흔이 넘어서도 왕성한 활동을 하는 미국의 대표적인 안무가이자 무용가로, 창작과 창의성에 대한 독창적인 접근 방식으로 널리 알려져 있다. 그녀는 〈창의적인 습관(The Creative Habit: Learn It and Use It for Life)〉이라는 저서를 통해 창의력이 타고난 재능이 아니라 반복적이고 체계적인 습관을 통해 길러질 수 있음을 강조했다. 그녀는 자신의 안무 작업을 통해 창의적 과정을 구조화하고, 규칙적인 습관과 일상적인 리추얼을 통해 영감을 만들어 내는 방법을 제시했다.

트와일라 타프

트와일라 타프가 안무를 담당했던 영화 〈백야〉

사진 출처: 네이버 포스트 〈트와일라 타프, 창조성은 규칙과 습관의 산물이다〉

그녀는 매일 아침 5시 30분에 택시를 불러 체육관에 가는 습관을 통해, 몸뿐만 아니라 마음도 창작 모드로 전환했다. 그녀에게 있어 택시를 부르는 간단한 행동은 '이제 시작이다!'를 알리는 창작의 신호였다. 마치 운동선수가 경기를 준비하듯, 그녀는 창작에도 워밍업이 필요하다고 보았다.

타프는 창작의 과정을 단순히 '한 순간의 스파크'가 아니라 '꾸준한 불씨'로 여겼다. 그녀는 새로운 안무를 구상할 때 복잡한 동작보다는 가장 기본적인 움직임에서 시작하며, 점차 작품을 완성해 나갔다. 그녀의 철학은 '작은 한 걸음이 큰 도약을 만든다'라는 데 기반을 두었다. 가령, 창의적 블록에 부딪히면 무언가 거창한 것을 하려고 애쓰는 대신, 종이에 간단한 선 하나를 긋거나 기본 동작 하나를 만들어 보는 식으로 작은 출발점에서 시작했다.

또한, 그녀는 자신에게 끊임없이 질문을 던졌다. "이 작업이 나에게 어떤 의미가 있지?", "내가 두려워하는 것은 뭘까?"같은 질문을 통해 작업의 방향성을 잡고 장애물을 극복했다. 그녀의 말에 따르면, 창의력은 마치 조각과도 같아서 무질서한 돌덩이에서 불필요한 부분을 깎아 내는 과정에서 진짜 작품이 나온다고 했다.

트와일라 타프는 창의성을 특별한 사람들만의 능력이 아닌, 누구나 꾸준한 노력과 체계적인 습관을 통해 키울 수 있는 능력으로 정의했다. 그녀는 '창의성은 기다리는 게 아니라 만들어 내는 것'이라며, 우리 모두가 매일의 삶에서 자신의 방식으로 창작의 리추얼을 시작할 수 있다고 말한다.

다케오 히구치의 아이디어 마라톤(Idea Marathon System)

다케오 히구치 박사를 처음 만난 것은 2011년쯤 조지아대학교에서 박사 과정 학생으로 있을 때였다. 히구치 박사는 토랜스 창의적 사고력 검사(TTCT)에 대해 배우기 위해 조지아대학교에 있는 토랜스센터를 방문했다. 나는 처음 그를 만났던 순간을 또렷이 기억한다.

"내 평생 지금까지 해 오던 것이 이렇게 이론으로 있고, 또 창의성 측정 검사지까지 있다는 것을 알았을 때 얼마나 기뻤는지 모릅니다. 내가 해 오던 것이 맞았어요!"라고 환하게 웃는 얼굴로, 히구치 박사는 처음 만남의 말문을 열었다. 히구치 박사가 창의성에 관심을 갖고 창의성 연구를 하게 된 배경은 이렇다.

1984년 당시 미쓰이 상사의 사원이었던 히구치 박사는 매일 노트에 최소 1개 이상의 아이디어를 적는 일을 시작했다. 상사맨이었던 그에게는 무엇인가 비즈니스에 도움이 되는 아이디어 위주로 적었고, 그림도 함께 그렸다. 그는 그림을 꼭 그리도록 강조했다. 그림을 그리는 것은 시각적인 두뇌 부분을 활성화시키기 때문이다. 노트는 아무거나 괜찮지만 A5(14.8*21cm)보다는 크지 않은 것을 추천했으며, 아이디어에 제한은 없지만 자신만의 창의적 관심사를 찾아야 한다고는 덧붙였다. 매일매일 날짜를 적고, 1개 이상의 아이디어와 그림을 그리고, 번호를 적어 표기한 지도 그 당시 20년이 넘었었다. 히구치 박사의 발표를 들으며 책장 가득한 노트 사진을 보면서, 방대한 아이디어 개수와 이를 매일 한다는 것에 놀랐었던 기억이 난다. 그의 웹사이트를 찾아보니, 2014년 10월 기준 500개의 노트에 40만 개 이상의 아이디어를 기록했다고 한다.

사진 출처: https://www.idea-marathon.com/ideamarathon/

마라톤이 힘들다는 것은 우리 모두 잘 알고 있다. 하루에 단 15분, 매일 새로운 아이디어 하나를 떠올리는 것도 결코 쉬운 일이 아니다. 매일 반복하다 보면 처음의 동기 부여는 점점 줄어들고, 습관을 만들어 가는 과정 역시 누구에게나 어렵게 느껴질 것이다. 변화로 가득한 일상 속에서 15분을 따로 떼어 투자하는 것 또한 만만치 않다.

그러나 이런 과정을 견디고 아이디어 마라톤을 이어 갈 때 얻는 유익함은 매우 크다. 히구치 박사는 꾸준한 아이디어 마라톤을 통해 다수의 특허를 보유하게 되었다. 때로는 자연스럽게 아이디어가 떠오르기도 하지만, 그렇지 않을 때에는 이전에 기록해 둔 아이디어를 다시 들여다보면서 새로운 생각이 불쑥 떠오르기도 한다. 과거의 아이디어 몇 개를 결합하거나, 살짝 변형하거나, 새로운 요소를 추가하는 식으로 데이터가 쌓일수록 더 독특하고 창의적인 아이디어를 만들어 낼 수 있었다고 한다.

겉보기에 하찮아 보이는 아이디어라도 꾸준히 기록하다 보면 생각의 과정을 자유롭게 풀어내 유창성을 키울 수 있다. 히구치 박사의 경험에 따르면, 약 1,000개의 아이디어 가운데 세 가지 훌륭한 아이디어를 발견할 수 있었다고 한다.

히구치 박사는 이렇게 주장한다.

"누구나 창의력을 키울 수 있습니다. 매일 한두 가지 아이디어를 노트에 기록하다 보면 어느새, 창의력이 향상되어 있을 겁니다."

창의적인 아이디어는 쉽게 나오지 않는다. 여러 번의 시도와 많은 노력이 필요하다. 창의성은 갑자기 떠오르는 영감이나 순간적인 아이디어로만 이루어지는 것이 아니라 꾸준한 노력, 지식의 축적, 실험, 재시도 그리고 문제 해결 과정을 통해 더욱 발전하게 된다. 히구치 박사는 아이디어 마라톤을 적용하여 대학생들의 창의적 유창성 향상 실험이나, 창의성 개발이 학업에 미치는 영향 등의 주제로 연구를 해 오고 있다.

창의성은 절대 평가가 아닌 상대 평가

'홍경래의 난' 단순한 반란 vs 창의적 전략

'그때는 맞고 지금은 틀리다'라는 표현이 있다. 이 말은 시간의 흐름에 따라 상황이나 판단 기준이 달라질 수 있음을 나타낸다. 이는 과거와 현재의 맥락, 가치관, 기술 발전 등 여러 요소가 서로 다르게 작용하기 때문이다. 당연히 반대로도 해석이 가능하다. '그때는 틀렸지만 지금은 맞다.' 이는 시간이 지나면서 기존의 판단이 재평가되거나, 당시에는 받아들여지지 않았던 아이디어나 행동이 현재에는 가치 있게 여겨질 수 있음을 보여 준다. 과학과 기술은 발전하고 사회적 가치관은 끊임없이 변하기 때문이다. 이를테면, 과거에는 여성의 사회적 역할이 제한적이어야 한다는 생각이 일반적이었으나, 현대 사회에서는 성평등이 중요한 가치로 자리 잡았다. 이로 인해 과거에는 틀렸다고 여겨졌던 여성의 권리 주장이 오늘날에는 옳고 당연한 것으로 인정받게 되었다.

역사를 되짚어 보면 시대 상황에 따라 얼마든지 해석을 달리할 수 있는 사건들이 많다. 우리가 한국사 시간에 배웠던 홍경래의 난도 나라의 근간을 위협하는 '난'이 아닌 새로운 시대를 열 수 있는 '창의적인 개혁'으로 재해석 할 수 있는 사건 중 하나다. 홍경래의 난은 조선 시대 수많은 민란 중에서 독특한 특징을 가진 중요한 사건으로 평가되기에 우리가 창의적인 관점에서 다시 주목해 볼 필요가 있다. 이 난은 단순한 농민 봉기의 차원을 넘어, 조선 후기 사회가 직면한 구조적 문제와 다양한 갈등을 총체적으로 드러냈기 때문이다.

홍경래는 당시의 사회적 불평등, 지역 차별, 경제적 억압이라는 복합적인 문제에 대처하기 위해 새로운 방식과 전략을 활용했다. 가장 주목할 만한 점은 홍경래의 난은 단순히 농민만이 아닌 몰락한 양반, 중소 상인 그리고 일반 백성들까지 다양한 계층이 참여한 민란이었다는 것이다. 이는 당시의 다른 봉기가 주로 농민 계층에 국한된 반면, 홍경래의 난은 다양한 계층의 불만을 한데 모아 연합 세력을 형성했다는 점에서 창의적이었다. 연합 세력을 형성하기 위해 준비 과정만 10년이 넘게 걸렸고 그만큼 치밀했다. 상인들의 재력을 바탕으로 철저한 군사적 준비와 전략적 계획을 세워 진행되었다. 홍경래와 그의 동료들은 무기를 사전에 확보하고 평안도의 여러 지역에서 협력 세력을 구축했다. 또한, 반란 초기에는 청천강 이북의 주요 거점을 빠르게 점령하며 성공적인 전술을 펼쳤다. 이는 당시 다른 민란과 비교했을 때 매우 조직적이고 체계적이었으며, 창의적인 군사적 전략으로 평가된다.

또한 홍경래는 평안도가 가진 지역적 불만을 봉기의 원동력으로 삼아 평안도 주민들에게 새로운 정권을 꿈꾸게 했다. 이는 단순히 계층 간 갈등을 넘어 지역 차별 문제를 혁신적으로 부각시킨 사례였다. 단순히 개선을 '요구'하는 차원이 아니라 자신들만의 독립을 '선언'할 수 있었던 것은 홍경래가 평안도 지역 주민들에게 설득력 있는 비전을 제시한 덕이었다. 홍경래는 평안도의 경제적 번영과 자치권 확보를 목표로 삼았으며, 기존 조선 사회의 중앙집권적 구조를 탈피하려는 이 같은 움직임은 그 자체로 창의적인 대안으로 평가된다.

억압적인 신분사회였던 조선시대의 홍경래는 민란의 주동자 혹은 반역자였지만, 그가 지금 태어났다면 어떤 일을 하는 사람이 되었을까? 그의 추진력, 비전, 치밀함, 도전 정신 그리고 그걸 현실화시킬 수 있는 창의력으로 그는 트랜드를 이끄는 창의적 리더가 되었을 수도, 세상을 뒤흔드는 스타가 되었을 수도, 새로운 패러다임을 제시하는 비즈니스맨이 되었을 수도 있었을 것이다.

방송국에서 번역 알바를 하다가 잠시 교양국 구성작가로 일하던 1990년대 후반, 나는 끊임없이 새로운 아이템과 싸움을 했었다. 이제 한국도 반려동물들을 많이 키우기 시작했으니 동물 아이템을 해 보자고 이야기를 꺼내면 선배 작가들과 PD들은 한결같이 반응했었다.

"야, 개 얘기로 뭐 하게? 사람들도 먹고살기 바쁜데 욕먹기 딱이지!"

반려동물이라는 말도 없던 시절이었으니 당시 그들의 관점에서 반려동물 프로그램은 분명 의미 없고 터무니없는 것이었다. 하지만 불과 몇 년 후, 2001년에 SBS에서는 지금까지도 장수하는 프로그램 〈동물농장〉이 탄생했고, 케이블 TV에는 애니멀 채널까지 등장했다. 숱하게 혼나면서, 소위 말해서 '까였던' 나의 아이디어들이 가여워지는 순간이었다.

이 경험은 세상에 절대적인 옳고 그름, 가치 판단의 기준은 존재하지 않음을 보여 준다. 중요한 것은 유연하고 개방적인 사고방식이다. 오늘의 비정상, 비주류, 터무니없어 보이는 아이디어가 내일의 혁신이 될 수 있기 때문이다.

'지금은 맞지만 그때는 틀렸다' 혹은 '그때는 틀렸지만 지금은 맞다'라는 해석은 변화와 적응의 과정을 강조하며, 시대와 환경의 변화가 판단 기준과 가치관에 어떤 영향을 미칠 수 있는지를 보여 준다. 이는 창의성과 혁신의 본질을 이해하는 데도 중요한 통찰을 제공한다. 창의성은 기존의 틀을 깨고 새로운 가능성을 열며, 때로는 시간이 지나야 그 진정한 가치를 인정받는 경우가 많기 때문이다. 따라서 이 표현은 고정된 사고를 넘어서 변화를 받아들이고 재평가할 수 있는 열린 태도의 중요성을 시사한다. 결국 창의성은 절대 평가가 아닌 상대 평가인 것이다.

'토요타와 테슬라' 카이젠 vs Innovation 혁신

같은 자동차 회사, 하지만 전혀 다른 혁신의 루트와 기업 가치를 가진 두 회사를 비교해 보는 것도 상당히 재미있을 것 같다. 다른 문화적·시대적 배경이 세계적으로 성공한 두 기업의 창의성을 어떻게 발현되게 하였으며, 어떻게 다르게 평가하는지 살펴보자. 완전히 반대되는 성격의 두 기업은 일본 토요타의 카이젠(Kaizen)과 미국 테슬라의 혁신(Innovation)이다. 두 기업의 창의적 접근 방식은 각자의 환경과 필요에 따라 정반대의 차별화된 방향성을 가진다.

	토요타의 카이젠(Kaizen)	테슬라의 혁신(Innovation)
시대적 배경	- 1950~60년대 일본 경제 재건 시기 - 자원 부족과 효율성 필요 - 안정적 성장과 품질 개선 강조	- 21세기 미국의 기술 중심 시대 - 글로벌 환경 문제와 기술적 도약 필요 - 빠른 변화와 경쟁 속 혁신 요구
시대적 요구	- 제한된 자원으로 최적의 효율 추구 - 점진적 개선을 통한 장기적 성장	- 급진적 기술 개발과 새로운 시장 창출 - 대담한 아이디어 실험과 빠른 실행
문화적 배경	- 일본의 집단주의와 장인 정신 - 모든 구성원의 참여와 협력을 강조 - 프로세스 개선을 통한 창의성 발현	- 미국의 개인주의와 모험 정신 - 독창적 리더십과 비전 중심 - 실패를 감수하며 한계를 뛰어넘는 창의성 추구
창의성 특징	- 점진적이고 협력적인 창의성 - 소규모 개선이 모여 큰 혁신으로 이어짐 - 안정성과 신뢰를 바탕으로 한 실용적 창의성	- 급진적이고 독립적인 창의성 - 기존 틀을 깨고 새로운 기술과 시장 개척 - 대담한 도전과 파괴적 혁신 중심
대표 전략	- 지속적 개선(Kaizen)과 Lean 생산 방식 - 품질 관리와 프로세스 최적화	- 전기차, 자율주행, 에너지 혁신 - 급진적 기술 개발과 빠른 시장 도입
결과	- 안정적인 품질과 효율성 제공 - 장기적인 신뢰와 성장	- 새로운 시장 창출과 미래 기술 주도 - 단기적 성과와 장기적 비전 강조

먼저, 토요타의 카이젠은 일본이 1950~60년대 경제 재건 시기라는 제한된 자원과 환경 속에서 효율성과 품질을 극대화하기 위해 등장했다. 당시 일본은 경제적 안정과 지속 가능한 성장을 필요로 했으며, 카이젠은 이러한 필요를 충족하기 위한 철학적 접근이었다. 카이젠은 점진적이고 지속적인 개선을 통해 조직 전반의 작은 변화를 쌓아 큰 결과를 이끌어 내는 방식으로 창의성을 발현했다. 이는 자원을 낭비하지

않고 최대한 활용하는 일본의 전통적 가치관과 집단주의 문화를 반영한다. 따라서 토요타의 창의성은 개인의 독창성보다는 팀워크와 프로세스 개선을 중심으로 평가되며, 안정적이고 신뢰할 수 있는 결과를 제공하는 데 중점을 둔다. 반면, 테슬라의 혁신은 21세기 미국이라는 기술 중심적이고 경쟁이 치열한 환경에서 출발했다. 이 시기의 미국은 빠른 기술적 도약과 글로벌 문제 해결이 요구되었고, 테슬라는 이러한 요구를 전기차, 배터리 기술, 자율 주행 등 급진적 혁신으로 충족하려 했다. 테슬라의 접근 방식은 실패를 감수하고 새로운 가능성을 실험하는 대담한 태도를 특징으로 한다. 이는 미국의 개인주의적 문화와 모험 정신을 기반으로 하며, 일론 머스크와 같은 강력한 리더의 비전을 통해 창의성이 구체화된다. 테슬라의 창의성은 기존의 한계를 뛰어넘고 새로운 시장을 창출하며, 기술과 아이디어의 파괴적 혁신으로 평가된다.

만약에 1960년대에 테슬라의 전략을 토요타에서 적용하려고 했다면 받아들여졌을까? 그 당시의 기술력이나 시장 환경을 생각하면 테슬라와 같은 급진적인 혁신이 토요타에서 받아들여졌을 가능성은 낮았을 것이다. 토요타의 기업 문화와 전략적인 측면에서도 테슬라의 대담함은 너무 위험 부담이 높고, 어쩌면 공상과학 영화 아이디어쯤으로 치부되었을 수도 있다. 하지만 토요타의 '카이젠'이라는 기업 가치를 지금의 테슬라에게 적용한다면 그것 역시 받아들이기엔 올드 패션으로 인식될 수 있다. 토요타는 여전히 글로벌 자동차 산업의 중요한 플

레이어로 남아 있지만, 1990년대의 '무결점 자동차' 같은 강력한 이미지를 유지하지는 못하고 있다. 전기차 시대가 왔고, 그 상징은 테슬라와 같은 신생 기업들로 넘어간 것도 사실이다. 특히 젊은 소비자들 사이에서 '혁신적'이라는 이미지는 토요타가 아닌 테슬라, BYD 등이 더 강하게 자리 잡고 있다. 그래서, 그렇기 때문에 토요타의 지금이 틀렸다고 할 수 있을까? 자신들만의 방식으로 정점을 찍었던 경험과 기술적 강점, 안정성을 바탕으로 미래 시장에서도 브랜드 파워를 재구축할 가능성은 여전히 꿈틀대고 있지 않을까?

창의력의 듀엣, 우뇌와 좌뇌

당신은 좌뇌형입니까? 우뇌형입니까?

우리의 뇌는 두 개의 반구로 형성되어 있는데, 전통적으로 좌뇌는 이성적 판단(언어, 사고, 계산, 논리)과 관련이 있으며, 우뇌는 직관적 판단(창의적 사고, 감정, 예술)을 담당한다고 여겨져 왔다. 이러한 이분법적 접근은 1960년대 미국의 신경학자 로저 스페리(Roger W. Sperry)의 연구에서 시작되었다. 그의 연구는 좌뇌와 우뇌의 기능적 차이가 있으며, 뇌의 두 반구는 서로 다른 역할을 한다는 이론의 기초가 되었다. 이후 많은 사람들이 자신을 '좌뇌형' 또는 '우뇌형'으로 분류하는 경향이 생기게 된 것이다.

"너는 예술적 감각이 있고 창의성이 뛰어나니 우뇌형 인간인가 봐!"
"나는 이공계 성향이니 완전 좌뇌형이라 할 수 있지."

우리는 일상생활 속에서 이러한 대화를 자주 듣곤 한다. 그러나 최근 연구들은 뇌를 이렇게 단순한 이분법으로 설명하는 것은 과도한 일반화며, 과학적 근거가 부족하다고 지적한다. 뇌의 모든 기능은 서로 긴밀하게 연결되어 있기 때문에 개인의 사고 패턴을 제대로 이해하기 위해서는 보다 넓은 관점에서 뇌를 바라볼 필요가 있다. 다시 말해, 이공계 학생들을 좌뇌형으로 분류하고, 그들이 창의성이 부족할 것이라고 단정하는 것은 잘못된 일반화라고 볼 수 있다. 창의성 또한 단순히 우뇌의 기능만으로 설명할 수 없다. 창의적 결과물을 만들어 내기 위해서는 다양한 아이디어를 떠올리는 확산적 사고뿐 아니라, 이를 검토하고 조율하여 적절한 방향으로 다듬는 수렴적 사고 과정도 함께 필요하기 때문이다.

2021년에 발표된 준차오 리 외의 연구(창의성의 잠재적 신경 기제로서 기능적 뇌 네트워크의 유연한 재구성)에 따르면, 창의성은 다양한 뇌 네트워크 간의 상호 작용과 관련이 있을 수 있다는 증거가 제시되었다. 연구진은 창의성이 높은 그룹과 낮은 그룹을 나누어 확산적 사고 과제를 수행하게 한 뒤, 뇌의 기능적 연결성과 네트워크 재구성 유연성을 분석했다. 그 결과, 창의성이 높은 그룹은 사고 과정 중에 더 높은 글로벌 네트워크 유연성을 보였으며, 이는 다양한 아이디어를 생성하는 데 중요한 역할을 하는 것으로 나타났다. 또한 이들은 내측 상측 두정엽과 전두엽 등 일부 뇌 영역에서도 지역적 유연성이 더 높았다.

이 연구 결과는 창의성이 뇌의 특정 부위 하나에 국한된 것이 아니라, 여러 기능을 담당하는 뇌 영역들이 얼마나 효과적으로 유연하게 연결되고 재구성되는지와 밀접한 관련이 있음을 보여 준다. 즉, 창의성이 높은 사람일수록 다양한 뇌 네트워크를 능숙하게 재구성하고, 여러 뇌 영역이 협력적으로 작용함으로써 다양한 아이디어를 만들어 낼 수 있는 가능성이 높다는 것이다.

우리에게 잘 알려진 데이빗 보위(David Bowie)는 20세기 후반과 21세기에 걸쳐 음악, 패션, 예술 등 다양한 분야에서 혁신적인 창작 활동을 통해 큰 영향을 끼친 아티스트다. 그는 끊임없는 자기 혁신과 독창성으로 2016년 세상을 떠날 때까지 전 세계 대중문화의 아이콘으로 자리 잡았다. 경계를 넘나드는 그의 작품이나 이미지를 보면 느껴지듯이 예술적인 영감이 풍부한 전형적인 우뇌형 인간으로 보인다. 하지만 놀랍게도 그는 마치 좌뇌형 인간처럼 치밀한 비즈니스 전략가이자, 미래형 투자자로서의 면모도 갖추고 있었다.

 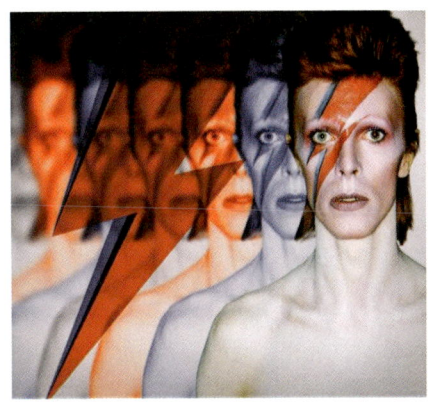

사진 출처: https://www.vogue.co.kr/2016/02/23/63917/

구분	좌뇌형 특성	우뇌형 특성
주요 성향	논리적, 분석적, 체계적	창의적, 감성적, 직관적
데이빗 보위의 활동	- Bowie Bonds 발행: 자신의 음악 로열티를 금융 상품으로 전환, 체계적 사고와 계획 - 트랜드 분석: 시대의 흐름을 읽고 음악 스타일을 전략적으로 변화 - 비즈니스 모델 구축: 디지털 기술 활용(BowieNet) 등으로 새로운 수익 창출	- 다양한 캐릭터 창조: Ziggy Stardust 등 독창적 캐릭터로 대중 매료 - 장르 실험: 록, 펑크, 전자음악 등 장르를 넘나드는 창의적 시도 - 예술적 상상력: 음악, 패션, 영화 등 시각적 상상력을 결합
사고방식	비즈니스 전략, 재정 관리, 계획적인 경력 관리	예술적 표현, 창의적 실험, 감성적 소통
성공 요인	장기적인 비전과 체계적 실행	독창성과 상상력을 바탕으로 한 혁신
종합 평가	전략적 사고와 실행력을 통해 실질적인 성공을 달성	예술적 감각과 직관으로 시대를 선도하는 영향력 발휘

표에서 보면 알 수 있듯이, 데이빗 보위는 음악가로서뿐만 아니라 혁신적인 비즈니스 전략가로도 높게 평가받는다. 그는 단순히 음악을 제작하는 것을 넘어 자신의 브랜드를 구축하고, 기술, 금융, 예술 등 다양한 분야를 선도하며 성공적인 경력을 쌓았다. 우리가 모르고 봤을 땐 전형적인 우뇌형 인간으로 보이는 그가 만들어 낸 치밀한 비즈니스 전략들을 살펴보면 과연 예술가적 기질만 풍부한 우뇌형 인간이 맞을지 의심할 수밖에 없다.

첫째, 그는 기술과 트랜드를 선도적으로 활용했다. 1996년 세계 최초로 다운로드 가능한 싱글을 출시했으며, 1998년에는 BowieNet이라는 개인 인터넷 서비스를 도입하여 팬들과 직접 소통하는 온라인 커뮤니티를 구현했다. 이는 디지털 기술의 초기 단계에서 음악과 인터넷의 결합 가능성을 보여 준 사례로 평가받는다.

둘째, 데이빗 보위는 독립적인 금융 전략으로도 주목받았다. 그는 자신의 음악 카탈로그에서 나오는 로열티를 기반으로 'Bowie Bonds'라는 금융 상품을 발행했다. 이를 통해 아티스트로서 자신의 지적 재산을 활용하여 장기적인 재정적 안정성을 확보하는 혁신적인 방식을 제시했다.

셋째, 그는 음악 외에도 영화, 패션, 현대 예술 등 다양한 분야에서 활동하며 자신의 브랜드를 다차원적으로 확장했다. 대표적으로 영화 〈The Man Who Fell to Earth〉와 〈Labyrinth〉에 출연하여 대중문화 전반에 영향을 끼쳤으며, 독창적인 패션 스타일을 통해 자신의 이미지를 더욱 강화했다.

마지막으로, 그는 팬과의 관계를 중요시하며 충성도 높은 팬층을 형성했다. BowieNet과 같은 플랫폼은 팬들과의 직접적인 소통을 가능하게 했고, 한정판 마케팅 전략을 통해 팬들에게 특별한 가치를 제공했다.

결론적으로, 데이빗 보위는 음악적·예술적 재능뿐 아니라 혁신적이고 다각화된 비즈니스 전략을 통해 지속 가능하고 영향력 있는 브랜드를 구축했다. 그의 접근법은 시대를 앞서가는 아이디어와 창의적 실행이 결합된 모범 사례로, 예술과 비즈니스, 좌뇌와 우뇌의 경계를 허물었다.

좌뇌와 우뇌의 구분은 사실상 우리가 가진 편견이거나 잘못된 상식에 가깝다. 진정한 창의성은 단순히 좌뇌와 우뇌의 이중주(duet)에서 그치지 않고, 뇌 전체의 네트워크를 연결하는 웅장한 합주(orchestra)에서 비롯된다. 보위의 사례는 이러한 통합적 창의성이 예술적 성취와 비즈니스적 성공 모두를 이끌어 낼 수 있음을 보여 주는 훌륭한 증거다.

3장에서 살펴봤듯이 창의력은 개인의 순간적인 번뜩임만으로 완성되지 않는다. 창의력은 불편함을 외면하지 않고, 익숙함을 의심하며, 작은 가능성에 집요하게 매달리는 데서 시작된다. 그것은 한 사람 안에 깃든 불씨처럼 보이지만, 진짜 변화는 그 불씨들이 만나 서로를 밝히고 확장시킬 때 일어난다.

다양한 생각이 충돌하고, 다른 시선이 겹쳐질 때, 개인이 결코 만들어 낼 수 없는 스케일의 창의력이 발휘된다. 이제 우리는 질문을 바꿔야 한다. '나는 어떻게 창의적인가'를 넘어서, '우리는 함께 어떻게 창의적인가'를 묻고 답해야 할 시간이다.

4장에서는 개인의 창의력을 넘어서 조직 전체가 어떻게 창의성을 키우고, 연결하고, 폭발시킬 수 있는지를 탐구해 본다.

4장

창의력을 발휘하는 조직이 성공한다

우리는 개인의 창의성뿐 아니라 우리가 속해 있는 학교, 공동체, 기관, 또는 회사에서 작게는 대여섯 명의 그룹부터 넓게는 조직 전체의 창의성에 집중하지 않을 수 없다. 어떻게 하면 기업이나 조직이 요즘같이 빠르게 변화하는 AI 시대에 지속적인 경쟁력을 유지하며 혁신을 도모할 수 있을까? 창의적인 아이디어와 새로운 접근 방식으로 끊임없이 제품을 개발하며 서비스 향상을 통해 시장을 장악할 수 있을까? 예상치 못한 문제와 어려움 속에서, 그리고 많은 것들이 연결되어 있는 복잡한 갈등 상황 속에서 가장 독창적이고 효과적인 해결책을 찾기 위해서는 조직에게 무엇이 가장 필요한 것일까? 전통적 방식만으로는 해결할 수 없는 문제 앞에서 다양한 관점과 혁신적인 해결책이 절실히 필요할 때 '조직 창의성'이야말로 조직 전반의 성과와 진화에 중요한 역할을 할 수 있는 조직 성공의 열쇠라고 생각한다.

지금까지 창의성이란 무엇인가에 대해서 많은 학자들이 고민해 왔고, 나름대로 정의를 내리려고 노력해 왔다. 그중에서도 가장 많이 인용되고 있는 것 중 하나가 1961년 창의성을 네 개의 P로 시작하는 단어로 설명한 멜 로즈(Mel Rhodes)의 '4Ps of Creativity'다. Person, Process, Press and Product. 창의성은 복합적인 개념이기 때문에 이 네 가지 개념을 가지고 총체적으로 이해해야 한다는 것이다. 창의성이란 창의적 사람(성향, 성격, 기질 등), 창의적 과정, 창의적 환경 그리고 창의적 산물 모두를 포함한다. 이는 마치 햇빛이 프리즘을 통과하면서 무지갯빛으로 나타날 때, 우리는 "햇빛은 노란색이야. 아니, 햇빛은 주황색이야. 아니지, 햇빛은 빨간색이지."라고 표현하기도 한다. 이것은 맞기도 하고 틀리기도 한 것이다. 왜냐하면 이 모든 색들이 햇빛을 이루고 있기는 하지만 결국 햇빛이라는 것은 어느 한 가지의 색으로만 설명되는 것이 아닌, 여러 색의 빛이 합쳐진 것이기 때문이다. 창의성도 그러한 것이다. 창의성은 개인의 특성과 밀접한 관련이 있으면서도 창의적 사고 과정 또한 아이디어를 생성하고 개발하는 데 매우 중요하다. 이 과정에서 개인은 속한 사회적·문화적·조직적 환경에 크게 영향을 받기 때문에 환경 또한 창의성을 설명하는 데에 반드시 필요한 개념이며, 이 모든 것의 상호 작용으로 나타나는 것이 유형·무형의 창의적 산출물이 되는 것이다.

그렇다면 조직 창의성의 특성은 무엇인가? 이를 좀 더 자세하게 이해하고 조직 창의성의 필수 요소를 설명하기 위해 '4Ps of Creativity' 개념을 이용하고자 한다. 4Ps(Person, Process, Press, Product)는 각각의 개념이 있으면서도 서로 밀접하게 관련되어 창의적인 조직을 구성하는 핵심 요소로 작용한다. 재미있는 사례 몇 가지를 통해 이 네 가지 개념들이 어떻게 유기적으로 서로 연결되어 창의적인 조직을 이루는 데 영향을 주는지 살펴보겠다.

창의적 구성원: PERSON

'4Ps of Creativity'에서 Person은 개인이 가지고 있는 창의적 성향을 말한다. 연구 결과에 따르면, 창의성이 높은 사람들은 다음과 같은 성격과 성향이 있을 확률이 높다고 한다. 이러한 특성을 가지고 있다고 해서 모두 창의성이 높고 창의적 행동이 보장되는 것은 아니지만, 많은 창의적인 사람들에게서 나타나는 공통된 창의적 사고와 창의적 행동을 지원하는 성격 프로파일이 있다는 것이다.

- ✓ 호기심
- ✓ 유연함
- ✓ 동기 부여
- ✓ 다양한 관심
- ✓ 자율성
- ✓ 비정형성

- ✓ 독립적 성향
- ✓ 경험에 대한 개방성
- ✓ 모호성에 대한 인내심

창의성에 있어서 Person, 즉 개인 관점을 말할 때에는 성격에만 초점을 맞추는 것은 아니다. 개인의 다양한 지적, 기질적 특성 및 태도적 경향, 습관, 가치, 신념까지도 포함한다. 특성이 창의적 행동을 보장하지는 않지만 특정 행동을 할 잠재력은 제공한다. 그렇기 때문에 조직을 이루는 개인의 창의성은 매우 중요하다. 조직의 혁신적인 문제해결에 있어 필수적인 잠재력을 제공하여 조직 전체의 경쟁력을 향상시키는 데 기여할 수 있기 때문이다.

미쳐야 만든다, 'SpaceX(스페이스X)'

개인적으로 봐도 봐도 볼 때마다 재미있고 새로운 생각을 하게 만드는 영화가 있다. 크리스토퍼 놀란 감독의 〈인터스텔라〉. 이 영화에서 인류는 기후 변화와 자원 고갈로 더 이상 지구에서 살아갈 수 없게 된다. 먼 우주로 떠나는 것은 선택이 아니라 생존을 위한 필연이었다. 이 이야기는 단순한 영화 속 상상일까? 어린 시절 우주여행을 꿈꾸고, 지구가 아닌 다른 행성에서 외계인들과 함께 사는 상상 한번 안 해 본 사람은 없을 것이다. 초등학교 때 미래 과학 포스터 그리기 대회나 미래 상상 사생대회 같은 데서 화성인, 우주선, 로켓, UFO는 단골 소재이기도 했을 것이다. 우리는 그때의 생각들이 그림 속 혹은 영화 속 상상으로 끝났는데, 그 생각을 현실화시킨 사람들이 있다. 그들은 '화성으로 이주', '자유로운 우주여행'이라는, 누가 들어도 영화나 만화와 같은 생각을 비전으로 삼고 회사를 설립했다. 그렇게 탄생한 것이 스페이스X(Space Exploration Technologies Corp.)였다. 기존의 로켓 기술을 혁신하고, 저비용으로 우주를 개척하겠다는 목표 아래 작은 스타트업으로 시작한 이 회사는 불가능해 보였던 재사용 로켓을 현실로 만들었다. 그리고 이제, 단순한 탐사를 넘어 화성 이주라는 인류 역사상 가장 대담한 계획을 추진하고 있다.

그 시작과 중심에는 늘 논란을 만들고 이슈를 일으키는 일론 머스크의 리더십이 있다. 그를 평가하는 아주 많은 말들 중에는 욕을 포함한 부정적인 말들도 많이 있지만 이 부분만은 모두가 동의할 수밖에 없을 것이다. 그는 단순한 기업 운영자가 아니라, 인류를 화성에 보내겠다는 원대한 목표를 가진 혁신가이자 창의적인 생각을 현실화시킬 줄 하는 대담한 리더라는 것이다. 그리고 그와 구성원들이 이끄는 스페이스X는 단순한 로켓 회사가 아니다. 기존의 항공우주 산업이 당연하게 받아들이던 것들을 뒤집으며, 새로운 방식으로 우주를 개척하고 있다.

일론 머스크와 스페이스X의 가장 미친 생각의 시작점은 바로 로켓의 재사용 가능성이다. 원래 로켓은 한 번 쓰고 버리는 것이 일반적이었지만, 머스크는 "비행기를 한 번 타고 버린다면 얼마나 비효율적일까?"라는 질문을 던졌다. 그렇게 팰컨 9과 스타십 같은 재사용 가능한 저가형 로켓이 탄생했다. 이 덕분에 로켓 발사 비용이 급격히 줄었고, 우주 탐사가 더 자주 이루어질 수 있는 길이 열렸다. 하지만 혁신은 실패를 동반한다. 스페이스X도 수많은 폭발을 경험했다. 그러나 그들은 실패를 두려워하지 않았다. 오히려 실패에서 배우며 더 발전하는 전략을 택했다. 로켓이 폭발할 때마다 문제를 분석하고 개선해, 마침내 발사 후 다시 착륙하는 장면을 만들어 냈다. 이런 접근 방식은 '빠르게 실패하고, 빠르게 고쳐라'라는 철학에서 비롯된다.

또한, 스페이스X는 관료적인 절차보다는 엔지니어 중심의 조직 문화를 만들었다. 기존 항공우주 기업들은 정부 프로젝트에 의존하고 복잡한 승인 절차를 거쳐야 했지만, 스페이스X는 중요한 결정을 빠르게 내리고 직접 실행한다. 머스크도 사무실에 앉아 명령만 내리는 것이 아니라 엔지니어들과 직접 토론하며 기술적인 문제를 해결한다. 이러한 접근 방식은 AI와 데이터 분석을 적극적으로 활용하는 전략과도 맞물린다. 로켓 발사와 착륙 과정에서 AI를 활용해 정밀한 조정을 하고, 수많은 데이터를 분석해 더 효율적인 시스템을 만든다. 덕분에 로켓의 성공률이 점점 높아지고 있다. 물론, 아직도 많은 기술적·경제적 난관이 있다. 화성에 도달하는 것은 가능해졌지만, 지속적으로 거주할 수 있는 환경을 만드는 것은 훨씬 어려운 문제다. 하지만 과거에는 달에 인간을 보내는 것도 불가능하다고 여겨졌던 것처럼, 지금의 화성 식민지화도 먼 미래에는 당연한 목표로 받아들여질 수도 있다.

이렇듯 리더가 제시하는 비전에 동조하는 직원들 및 엔지니어들은 단순히 돈을 벌기 위해서가 아니라 우주 탐사와 혁신적인 기술 개발에 대한 열정을 가지고 이 조직에 속해 있다. 이들은 머스크의 "인류를 다행성 종족으로 만든다"는 비전에 매력을 느끼고, 회사의 빠른 개발 속도와 실험적인 접근 방식을 긍정적으로 본다. 하지만 스페이스X의 직원들이 모두 일론 머스크의 창의적 비전에 완전히 동조하는 것은 아니다. 회사 내부에는 머스크의 리더십과 목표에 공감하는 사람들이 많지만, 동시에 그의 극단적인 방식과 강도 높은 업무 환경에 불만을 가진 직원들도 존재한다.

하지만 일론 머스크는 '모두를 만족시키는 조직'을 만들 생각이 처음부터 전혀 없었다. 오히려 그는 '우리는 미친 듯이 일하는 사람들을 위한 곳'이라는 철학을 조직 전반에 뿌리처럼 심어 왔다. 2018년, 테슬라 생산 지연 문제로 위기가 닥쳤을 때 그는 주당 120시간씩 공장에서 생활하며 직접 문제 해결에 나섰다고 말했다. "그렇지 않으면 테슬라는 죽었을 것"이라는 그의 말은 생존과 혁신이라는 그 조직의 본질을 보여 준다. 2022년, X(구 트위터)를 인수한 뒤에는 직원들에게 다음과 같은 이메일을 보낸다.

'앞으로는 매우 강도 높은 업무가 될 것이며, 탁월한 성과를 낼 수 있는 사람만 남게 될 것입니다.'

이는 단순한 업무 통보가 아니라, 마치 '가치 테스트'를 통과하라는 암묵적 제안처럼 들리기도 한다. 워라밸? 그건 머스크의 사전에 없다. 그에게 중요한 건 미래를 앞당기는 조직이고, 그 여정에 따라올 수 있는 사람들만이 '진짜 팀'이다. 결국 SpaceX나 테슬라의 문화는 반발을 회피하는 대신, 누가 이 여정에 적합한가를 걸러 내는 시스템이기도 하다. 머스크는 반발을 줄이기보다 애초에 자신이 만든 '속도'에 맞는 사람만 남게 하는 쪽을 택했다.

테슬라나 X(구 트위터)랑은 조금 결이 다르지만 SpaceX 역시 '극단적 몰입 시스템'이 맞다. 하지만 X(구 트위터)가 '성과 압박과 스케일업/스피드업'에 집중하는 조직이라면, SpaceX는 그보다 조직적 명확성과 기술 중심의 사명감이 더 강한, '엘리트 기술 집단'에 가까운 문화라고 할 수 있다. 다르게 말하면, SpaceX는 신념으로 버티고, X(구 트위터)는 속도로 버틴다고도 할 수 있다. 이런 조직의 문화와 가치를 공유할 수 있거나, 받아들이거나, 나아가서는 적극적으로 공감하는 사람들이 조직의 핵심 자원이 되는 것이다.

비전이 아무리 터무니없어 보여도 구체적인 실행 계획과 기술적 발전이 뒷받침된다면 현실이 될 수 있다. 그리고 그 현실을 앞당기는 것은 강한 비전을 가진 리더와 그것을 실현하려는 창의적인 구성원들이다. 스페이스X는 바로 이 점에서 차별화된다. 기존 항공우주 업계가 신중함과 점진적 발전을 강조했다면, 스페이스X는 빠른 실행과 실패를 두려워하지 않는 실험 정신으로 접근해 왔다. 덕분에 재사용 로켓, 민간 우주여행, 스타십 개발 같은 혁신적인 성과를 만들어 냈다. 이런 흐름을 보면 머스크의 화성 이주 비전도 결코 허황된 꿈만은 아닐 수 있다. 불가능해 보이던 것들이 하나씩 현실이 되어 가고 있기 때문이다. 결국, 과감한 도전, 실행력 그리고 창의적 리더십이 만나면 인류의 미래는 우리가 상상하는 것보다 훨씬 더 빠르게 다가올지도 모른다.

　기업의 목표와 비전은 저절로 만들어지지 않는다. 그것을 구상하고 실현하는 것은 결국 사람이다. 혁신적인 조직은 뛰어난 시스템이나 자본이 아니라, 창의적인 사고를 하는 구성원들로부터 탄생한다. 스페이스X가 기존 항공우주 기업과 다른 점은 바로 여기 있다. 이들은 전통적인 방식이 아닌, 끊임없이 도전하고 실패하면서 배우는 실험적 접근을 선택했다. 정해진 규칙을 따르는 것이 아니라 더 나은 방법을 고민하고 실행하는 사람들이 조직을 이끌어 간다. 즉, 조직이 창의적이려면 그 안의 사람들이 창의적이어야 한다. 기업이 설정하는 비전도 결국 이를 실현할 인재들의 역량과 사고방식에 달려 있다. 혁신적인 목표를 세우는 것만큼, 그 목표를 실행할 창의적인 구성원들을 확보하고 성장시킬 수 있는 환경을 만드는 것이 중요하다. 결국 사람이 조직을 만들고, 창의적인 사람들이 모이면 조직은 더욱 창의적이고 발전적으로 변화한다.

창의적 생각의 발전과 과정: PROCESS

로즈(Rhodes)의 Process에서 중요한 것은 창의적 사고는 단순한 번뜩임이 아니라 심리, 인지적인 일련의 사고 과정이라는 것이다. 여기에는 지각(perception), 학습(learning), 사고(thinking), 동기(motivation) 같은 요소들이 포함된다. 창의성 연구에서 가장 오래되고 널리 인용되는 것으로 1926년에 발표된 그레이엄 월러스(Graham Wallas)의 4단계 창의적 사고 과정 모델이 있다.

| Preparation 준비단계 | Incubation 부화단계 | Illumination 발현단계 | Verification 검증단계 |

조직의 문제 해결과 혁신의 실행에 있어 위의 단계별 흐름은 중요한 역할을 한다. 먼저, 준비 단계에서는 조직이 당면해 있는 복잡한 과제를 명확히 설정하는 문제 인식과 정의 그리고 정보 수집이 필요하다. 이는 다양한 관점에서의 아이디어 탐색을 위한 기초 작업을 수행하는 단계로 볼 수 있다. 부화 단계에서는 이렇게 수집한 여러 아이디어들이 무의식 속에서 자연스럽게 결합되고 숙성될 수 있도록 문제를 잠시 의식적으로 떠나 있는 단계다. 아이디어의 재조합과 연결이 이루어지는 시기인 것이다. 세 번째 발현 단계에서는 무의식적 조합이 갑작스러운 통찰로 전화되며 아이디어가 떠오르는 순간이다. "아하!" 또는 "유레카!"의 순간인 것이다. 이렇게 떠오른 아이디어는 검증 단계를 거쳐 평가되고 구체화된다. 이러한 단계별 흐름은 한 번으로 끝나는 것이 아니라 더 나은 솔루션을 향하여 계속 반복되기도 한다.

조직에서 창의적 사고 과정이 중요하고 강조되는 이유는 이러한 단계를 거쳐 다양한 해결책을 탐색하고 실제 적용 가능한 더 좋은 해결책을 지속적으로 도출할 수 있기 때문이다. 오늘날의 조직들은 매우 복잡하고 다차원적인 문제에 직면해 있는 경우가 많다. 혁신적인 해결을 위해서는 어느 때보다 다양한 관점에서의 문제를 재정의하는 것이 필요하며, 전통적인 방법을 벗어나 새로운 시도와 독창적인 접근이 요구된다. 이는 결국, 내부 혁신을 촉진하며 지속 가능한 경쟁력으로 이어지는 원동력이 될 것이다.

'일단 만들어 봐'의 철학, Toss팀의 창의성 공식

어느새 우리는 송금이 아주 쉬워져서 앱을 통해서 휘리릭 보내는 게 당연해졌지만, 불과 몇 년 전만 해도 송금은 몹시도 귀찮은 일이었다. 긴 계좌 번호에, 공인인증서에, 보안카드에, 찍어야 하는 숫자들은 많았고, 비밀번호는 까먹고 재설정하기 일쑤였다. 그 과정을 단숨에 줄여 버리는 혁신적인 스텝을 처음 내딛은 곳이 바로 토스(Toss)다.

토스는 한국 금융계의 공룡들 사이에서 어떻게 혁신의 아이콘이 되었을까? 2015년에 단순한 송금 앱으로 시작한 Toss는 2,000만 건 이상의 앱 다운로드 수, 월간 활성 사용자(MAU) 1,500만 명 이상을 기록하며 국내 대표적인 핀테크 기업으로 자리 잡았다. 또한, 송금 서비스에서 출발해 Toss페이먼츠, Toss뱅크, Toss증권 등 금융 생태계를 확장하며 종합 금융 플랫폼으로 발전했다. 현재 Toss는 유니콘(기업 가치 1조 원 이상)에서 데카콘(기업 가치 10조 원 이상) 기업으로 성장하며, 국내를 넘어 글로벌 시장 진출도 시도하고 있다. 그 혁신적인 성공의 비결을 4Ps of Creativity 중 Process에서 찾아보았다.

토스의 시작과 근간이 된 계좌 번호 없이 송금하기 기능의 창의적 개발 프로세스는 이렇게 작동했다.

단계	창의적 프로세스의 키워드	Toss 사례 요약
1	문제 재정의	송금의 불편함을 사용자의 감정 문제로 재해석
2	자유로운 아이디어 공유	기술보다 UX 중심의 발상 구조, 평행구조의 의견제시 및 수용
3	빠른 실험과 피드백 루프	일단 먼저 전화번호로 송금해 보고, 이후 나타날 수 있는 다양한 문제 해결 방식 찾기
4	반복과 학습	사용자 혼란을 분석하고 UI 개선 반복

토스의 혁신적인 프로세스는 스피드 레이싱에 비교할 수 있을 듯하다. 기존 금융사들이 '안전 운전'에 집중하는 동안, 토스는 '빠르게 달리고, 코너에서 배우자'는 방식을 택한 것이다. 이 회사의 개발팀은 "완벽한 앱을 만들 때까지 기다리자"가 아니라 "일단 도로에 나가 보자!"라는 철학을 가졌다. MVP(최소 기능 제품)를 빠르게 출시하고, 사용자들의 반응을 실시간으로 지켜보며 핸들을 조정한 것이다. "금융 앱이 너무 어려워요" 소리가 들리면? 바로 다음 주에 UI를 싹 바꿔 버리는 민첩함이 근간에 있었다.

또한 데이터는 토스의 내비게이션이었다. '이 길이 맞을 것 같아'라는 직감 대신, '데이터가 이 길을 가리키고 있어'라는 확신으로 움직인 것이다. 사용자들이 어느 화면에서 많이 이탈하는지, 어떤 기능을 자주 쓰는지 분석해 서비스의 방향을 결정했다.

더 재미있는 건 토스의 회의실 풍경이다. "부장님, 이 아이디어 어떨까요?"라는 질문보다 "내일까지 이거 한번 만들어 볼게. 어떤지 써봐!"라는 실행력 넘치고, 직급 없는 평등한 환경에서 아이디어는 샴페인 거품처럼 끊임없이 솟아올랐다. 토스팀의 실패는 마치 레시피 개발과 비슷했다. 새로운 금융 요리를 만들다 맛이 별로면? "실패했네. 다음!"이 아니라 "왜 이 맛이 안 좋지? 이 재료를 바꿔 보자!"라는 접근법이었다. 매번 실패는 더 맛있는 금융 서비스를 위한 재료가 되었다.

창의적 프로세스를 토스만의 방식으로 재해석한 결과, 금융이란 진지한 분야에서도 '재미있고, 쉽고, 빠른' 혁신이 가능했던 것이다. 토스는 금융의 무거운 프로세스를 마치 즐거운 실험실처럼 바꿔 놓았다. 결국 토스의 비결은 금융이란 무거운 외투를 벗고, 날렵한 실험복을 입은 창의적 프로세스였던 셈이다.

창의적 환경: PRESS

로즈(Rhodes)가 제안한 4Ps에서 Press란 창의성에 영향을 주는 '환경'을 말한다. Press는 Pressure(압박, 압력)에서 왔으며, 어떤 특정한 환경이나 조건이 인간의 정서, 행동에 압력을 미치는 상태를 말한다. 이는 헨리 머레이(Henry A. Murray, 1938)가 제시한 욕구-압력 이론(Needs-Press Theory)에서 인용된 것으로, 인간의 행동을 이해할 때에는 개인의 내부 욕구(Needs)뿐 아니라 외부 환경의 압력(Press)도 함께 고려해야 한다는 의미다.

창의적 산물이 나오기까지 다각도로 필요하고 또 영향을 주는 요소들이 있지만, 그중에서도 환경이 미치는 영향 또한 간과하지 않을 수 없다. 아니, 주목하는 것이 중요하다. 왜냐하면 창의력이란 우리 모두가 환경의 도움을 받아 키울 수 있는 능력이기 때문이다. 여기서 환경은 물리적 공간뿐 아니라 사회·문화·경제적 요인을 포함한 광범위한 의미의 환경을 말한다. 이러한 환경적 요소는 개인의 창의적 사고와 행동을 촉진하거나 억제할 수 있으며, 창의성의 발현을 돕거나 방해할 수 있다.

지혜의 집 '바이트 알히크마'

요즘의 우리는 '이 콘텐츠를 추천한 알고리즘', '검색 알고리즘', '피드 알고리즘'이라는 말을 일상적으로 사용한다. 10년 전만 해도 전문가들이나 쓰던 이 용어가 이제는 일상 대화에 자연스럽게 스며들었다. 유튜브 추천 영상을 보며 "알고리즘이 날 너무 잘 안다"고 말하고, SNS에서 특정 콘텐츠만 계속 보이면 "알고리즘의 함정에 빠졌다"고, 무섭다고 할 때도 있다. 다음에 넷플릭스가 '당신을 위한 추천'을 보여 줄 때는, 잠시 먼 옛날로 돌아가 보자. 그 추천 시스템의 뿌리인 9세기 바그다드의 항구로.

9세기 바그다드는 단순한 도시가 아니었다. 티그리스강을 끼고 있는 이 항구 도시는 실크로드와 인도양 해상로가 만나는 곳, 문자 그대로 동서양 문명이 충돌하고 융합하는 교차로였다. 이곳에 아바스 왕조가 세운 '바이트 알히크마(Bayt al-Hikmah)', 즉 '지혜의 집'이라는 도서관 겸 학교 겸 연구소가 있었다. 바로 이곳에서 한 천재 학자가 활약하고 있었는데, 그의 이름은 무함마드 이븐 무사 알콰리즈미(Muhammad ibn Musa al-Khwārizmī). 수학자, 천문학자, 지리학자로 명성이 높았던 그는 이곳 바이트 알히크마의 핵심 인물이었다.

알콰리즈미의 이름은 당시 유럽 학자들에게는 발음하기 너무 어려웠다. 그래서 라틴어로 번역하는 과정에서 그의 이름은 'Algoritmi'로 변형되었다. 이것이 바로 '알고리즘'의 첫 씨앗이 된 것이다. 그는 바이트 알히크마에서 지금 우리가 당연하게 쓰는 0부터 9까지의 숫자와 십진법을 체계적으로 정리한 책을 썼다. 이 책이 라틴어로 번역되어 유럽에 전해졌을 때, 그 제목은 〈Algoritmi de numero Indorum(인도 수 체계에 관한 알고리트미의 책)〉이었다.

이것을 읽은 유럽 학자들은 이 새로운 계산법을 가리켜 "알고리트미 방식으로 계산하다"라고 말하기 시작했고, 점차 '알고리트미'라는 단어 자체가 '계산 방법'을 의미하게 되었다. 마치 지금 우리가 검색한다는 말을 '구글링 한다'고 하는 것처럼.

지금까지도 영향을 미친 이런 위대한 학문적 성과는 그가 천재였기 때문이기도 했지만, 그 천재성과 창의성을 이끌어 내 준 '바이트 알히크마'라는 장소 때문이기도 했다. 이 기관은 단지 학문 연구소가 아닌 창의성이 피어나는 구조적·문화적·지리적 생태계였다. 창의적 환경, 즉 멜 로즈(Mel Rhodes)의 창의성 이론을 바탕으로 해석하면 'Press(환경)'가 제공된 것이었다. 바이트 알히크마는 8세기 바그다드, 아바스 왕조의 수도에 세워졌다. 이 도시는 단순한 정치적 중심지를 넘어, 지리적으로 동서양 문명이 만나는 교차로에 위치해 있었다. 바그다드는 위에서 얘기한 것처럼 무역 중심의 항구 도시였고, 실크로드와 인도양 해상로가 만나는 전략적 지점에 자리해 있었다. 이로 인해 인도, 중국, 페르시아, 그리스, 로마, 이집트 등 다양한 문화와 지식이 자연스럽게 모여드는 환경이 조성되었으며, 학자, 상인, 통역사, 장인, 종교인들이 자유롭게 왕래했다.

이러한 지형적·경제적 조건은 바이트 알히크마가 창의성의 'Press'로 기능하는 데 핵심적인 역할을 했다. 동서 문명의 지식이 물리적으로 만나고, 서로 다른 세계관이 충돌하며, 다양한 언어와 개념이 서로 뒤섞이는 이 환경은 단순히 정보를 모으는 것을 넘어 전혀 새로운 지식과 사고의 융합을 가능하게 만들었다. 그리스 철학은 아랍어로 재해석되었고, 인도의 수학은 아라비아 숫자 체계로 흡수되며 대수학으로 확장되었다.

뿐만 아니라 아바스 왕조의 정치적 후원은 지식 탐구를 권장하고, 학자들에게 자유로운 토론과 연구 공간을 제공했다. 왕조를 이끄는 칼리프 알마문은 고전 문헌의 번역을 국가적 프로젝트로 추진했고, 번역가와 연구자들에게 물질적 보상을 아끼지 않았다. 이는 창의성이 작동할 수 있도록 하는 사회적·정책적 Press를 제공한 셈이다.

바이트 알히크마는 결국 다양성과 개방성 그리고 권력의 지식 장려라는 다층적 환경이 결합된 창의성의 생태계였다. 여기서는 단순한 정보 축적이 아닌 지식 간 충돌, 비교, 융합, 재해석의 과정이 일어났고, 이는 Rhodes가 말한 'Press', 곧 창의적 사고를 자극하는 외부 자극과 조건의 전형이라 할 수 있다.

결국, 바이트 알히크마가 현대 사회의 조직에게 남긴 메시지는 간단하면서도 깊다. "창의성은 혼자 앉아 머리를 싸맨다고 나오는 게 아니라, 서로 다른 생각들이 부딪히고 어울릴 수 있는 판을 깔아 줘야 생긴다"는 것이다. 고대의 그 지혜의 집은 그 자체가 하나의 거대한 창의성 실험실이었고, 그 실험은 무려 천 년 가까이 지난 지금까지도 유효하다.

오늘날의 조직이 진짜 창의적인 팀을 꿈꾼다면, 천재 한 명을 찾기보다는 다양한 관점이 어우러질 수 있는 구조와 분위기부터 고민해야 한다. 바이트 알히크마처럼 문화가 뒤섞이고, 생각이 부딪히며, 질문이 허용되는 공간이야말로 그 혼돈을 창조로 바꾸는 마법의 무대가 될 수 있다. 조직은 바로 그 무대를 잘 꾸며 주면 된다. 그리고 말해 주면 된다. 마음껏 질문하고 실패해 보라고.

데스커의 '워케이션(Workcation) - 환경의 힘으로 창의력을 깨우다'

사진 출처: https://www.imwood.co.kr/news/articleView.html?idxno=27779

데스커(DESKER) 'Workcation in 양양'

답답한 사무실이 아닌 탁 트인 바닷가에서 원하는 시간에 일할 수 있다면 우리는 일을 더 잘할 수 있을까? 퇴근과 동시에 바다에 뛰어들어 서핑을 하고, 원하는 맥주를 만들어서 시원하게 들이켤 수 있다면 일을 더 빨리, 완벽하게 끝낼 수 있을까? 점심시간에 바닷가에 매트를 펼쳐 놓고 요가를 하면 스트레스는 줄어드는 만큼 창의성은 향상되고, 효율성이 극대화될 수 있을까? 불가능할 것만 같은 업무 환경을 실제로 이렇게 만들어서 실현시킨 회사가 있다. 사무용 가구 전문회사 데스커(DESKER)는 앞서 말한 것처럼 일(Work)과 휴가(Vacation)를 결합한 '워케이션(Workation)' 프로그램을 통해서 마치 이루어질 수 없는 꿈같은 직장 환경을 일정 기간 경험할 수 있도록 만들고 있다.

이 프로그램은 데스커의 사원들뿐만 아니라, 다른 기업의 참가자들이 자유롭게 이용할 수 있도록 양양에 워케이션 센터, 가든, 스테이 앤 라운지 등 세 곳의 업무 공간을 마련하여 운영되고 있다. 사무용 가구 회사답게 각 공간은 듀얼 모니터, 모션 데스크, 인체공학적 의자 등을 갖추어 최적의 업무 환경을 제공한다. 또한, 참가자들은 업무 후 요가, 서핑, 수제 맥주 양조, 조향 등 다양한 원데이 클래스를 통해 지역 문화를 체험하며 새로운 영감을 얻을 수 있다. 숙박 시설은 바다가 보이는 공간으로 마련되어 있으며, 서핑숍, 카페, 식당 등과의 제휴를 통해 다양한 할인 혜택을 제공하여 참가자들이 편안한 휴식을 취할 수 있도록 지원한다. 이 회사는 왜 이런 프로그램을 운영하게 되었을까? 그들이 이런 투자를 통해서 얻고 싶은 건 무엇이었을까? 참가자들의 경험담을 통해서 답을 찾아보자.

워케이션의 환경 속에서 참가자들은 높은 집중도를 유지하며 업무에 몰입할 수 있었고, 자연과 가까운 환경에서 일함으로써 스트레스가 감소하고 업무 만족도가 향상되는 효과를 경험했다고 한다. 또한 팀원 간의 유대감이 강화되었으며, 다양한 체험 활동을 통해 창의적인 아이디어를 도출하는 데에도 긍정적인 영향을 미쳤다. 이러한 경험은 개별 직원뿐만 아니라 조직 전체의 협업 능력을 높이는 데 기여하였다. 데스커의 워케이션 프로그램은 단순히 바닷가에서 일하는 로망을 실현하는 것이 아니다. 이 프로그램은 브랜드 가치 강화, 제품 체험, 시장 확장 그리고 내부 조직 문화 혁신까지, 다방면에서 실질적인 이익을 만들어 낸다.

먼저, 워케이션을 통해 데스커는 단순한 가구 브랜드가 아닌 '일과 삶의 균형을 중시하는 혁신적인 기업'으로 자리 잡을 수 있다. 참가자들은 양양의 아름다운 해변에서 일하면서 자연스럽게 경험을 공유하고, 이는 인스타그램, 블로그, 유튜브 등을 통해 확산된다. 굳이 광고비를 쓰지 않아도 참가자들이 알아서 '이곳, 진짜 최고다!'라는 메시지를 전파해 준다. 덕분에 데스커는 특별한 마케팅 없이도 강렬한 브랜드 이미지를 구축할 수 있다.

이뿐만이 아니다. 참가자들은 워케이션 동안 데스커의 책상과 의자, 모션 데스크 등을 직접 사용하게 된다. 바닷가에서 일하다가 '어? 이 의자 생각보다 편한데?' 하고 구매로 이어지는 일도 심심치 않다. 마치 카페에서 맛있는 커피를 마시고 집에서도 같은 원두를 사고 싶은 마음과 비슷하다. 단순히 제품을 광고하는 것이 아니라 자연스럽게 체험하도록 만들어 구매 전환율을 높이는 영리한 전략이기도 하다. 게다가 참가자들의 피드백을 통해 실제 업무 환경에서 제품이 어떻게 사용되는지 데이터까지 얻을 수 있으니, 이보다 좋은 리서치 기회도 없다.

기업 고객(B2B)에게도 워케이션은 강력한 효과를 발휘한다. 특정 기업과 협업해 맞춤형 프로그램을 운영하면 IT 스타트업이나 크리에이티브 기업들이 워케이션을 경험하면서 데스커의 사무 환경을 직접 체험하게 된다. 이후 이들은 데스커의 솔루션을 사무실에도 도입하고 싶어질 가능성이 크다. 또한, 리모트 오피스, 코워킹 스페이스 등의 공간 비즈니스 모델로 확장할 기회도 열려 있다. 즉, 워케이션은 단기적인 이벤트가 아니라 장기적인 시장 확장의 발판 역할을 할 수 있는 것이다.

이 모든 효과가 외부에서만 발생하는 것도 아니다. 데스커 내부적으로도 워케이션은 유연한 근무 문화를 조성하는 데 중요한 역할을 한다. 직원들이 직접 워케이션을 경험하면서 업무 방식의 변화를 체감하고, 더 자유롭고 창의적인 환경에서 일하는 것이 가능해진다. 특히, 젊은 세대에게는 '일과 삶의 균형'이 중요한 가치로 자리 잡고 있는 만큼, 유연한 근무 환경을 제공하는 것은 우수 인재를 유치하고 유지하는 데도 강력한 무기가 된다.

결국 데스커의 워케이션 프로그램은 단순한 휴양이 아니라 브랜드 이미지 강화, 제품 체험 기회 확대, 시장 개척, 내부 조직 문화 혁신가지, 기업 성장의 핵심 전략으로 작용할 수 있는 프로그램이다. 일하고, 쉬고, 경험을 공유하면서도 자연스럽게 데스커의 가치를 체험할 수 있는 이 시스템은, 단순한 일회성 프로젝트가 아니라 B2B 고객 기반 확대와 장기적인 기업 성장을 위한 확실한 투자라고 할 수 있다.

데스커의 워케이션 사례는 우리의 창의성을 북돋워 주는 공간적·심리적 환경을 실제로 체험하게 해 주는 재미있는 마케팅이다. 많은 연구들이 보여 주듯 명상, 산책, 운동, 취미 활동, 사람들과의 교류처럼 새로운 환경에 자신을 노출시키는 적극적 휴식은 뇌를 다른 방식으로 움직이게 한다. 그 과정에서 우리는 정보를 재구성하고, 새로운 연결을 만들어 낼 수 있다.

물론 누구나 장기간 워케이션을 떠날 수는 없다. 그래도 한 번쯤은 용기를 내어 나만의 워케이션을 시도해 보는 건 어떨까? 아니면, 내 업무 효율과 창의성을 끌어올리는 환경이 무엇인지 고민하고, 작은 변화부터 시작해 보는 것도 좋은 방법이다.

회사와 조직 역시 환경이 창의성에 미치는 영향을 더 진지하게 받아들일 필요가 있다. 직원들의 뇌에 물리적·심리적·인지적 산소를 끊임없이 공급하기 위해 다양한 시도와 지원을 아끼지 않는다면 어떨까? 작은 변화 하나가 생각보다 큰 혁신의 시작이 될지도 모른다.

창의적 산물: PRODUCT

　창의적 산물이라는 것은 다양한 창의적 사고와 혁신의 결과물을 말한다. 우리가 흔히 생각할 수 있는 시, 소설, 영화, 연극, 그림, 디자인, 조각, 노래, 무용 등과 같은 문학, 음악, 예술 작품이 이에 속한다. 비즈니스 전략과 같은 아이디어나 개념 형태의 것에서부터 구체적 물리적 형태의 발명품, 특허, 기술 혁신 등과 같은 산물 또한 모두 포함된다. 직접적으로 보거나 만질 수 없는 마케팅 전략, 정책 개선, 교육 행정 프로그램 등과 같은 것들도 창의적 산물이며, 이러한 산물은 종종 사회, 경제, 문화에 큰 영향을 미치기도 한다. 즉, 유형·무형의 창의적 산물이 존재할 수 있는 것이다. 창의적 산물은 모두 개인의 창의력에서 시작되어 나아가 팀 또는 조직의 협력을 통해 지속되고 발전되며 생산될 수 있다.

대박 난 생수 판매 스토리, '리퀴드 데스(Liquid Death)'

미국 캘리포니아 로스앤젤레스에는 '리퀴드 데스'라는 6년 차 스타트업 회사가 있다. 생수를 파는 회사로서 창업한 지 5년 만에 14억 달러의 기업 가치를 달성했다(2024년 3월 기준). 이는 한화로 2조 가까이 되는 규모다. 리퀴드 데스라는 창의적 제품(Product)이 창의적 성향(Person)의 창업주와 직원들 그리고 창의적 아이디어 과정과 독특한 마케팅 전략(Process)을 통해 어떻게 성공하게 됐는지 소개하고자 한다.

리퀴드 데스(Liquid Death). 생수 이름부터 일반적이지 않다. 창업자 마이크 세자리오는 리퀴드 데스를 브랜드명으로 지을 때 이렇게 생각했다고 한다.

"매우 건강하고 좋은 음료에 붙일 수 있는 가장 어리석은 이름은 무엇일까?"

덧붙여 이렇게 말했다.

"정말로 혁신적인 아이디어를 생각하려면 뇌를 속여서 일부러 뻔하거나 말도 안 되는 아이디어를 떠올리게 만들어야 한다."

이 말은 창의적 사고를 위해서는 전통적인 기존의 틀을 깨고, 의도적으로 표준이나 기대에서 벗어나는, 즉 때로는 비현실적이고 우스꽝스러운 아이디어를 생각하려고 노력하는 것이 중요하다는 의미를 담고 있다. 일부러 엉뚱하고 말도 안 될 것 같은 생각부터 떠올려야 진짜 혁신적인 영역에 도달할 수 있다는 말이다. 이러한 시도로 건강한 생수 제품에는 전혀 어울리지 않을 법한 이름, 리퀴드 데스가 탄생하게 된다.

사진 출처: 리퀴드 데스 웹사이트(https://liquiddeath.com/en-kr)

그렇다면 캔에 들어 있는 생수, 리퀴드 데스 아이디어는 어떻게 처음 시작되었을까? 대부분의 생수들이 플라스틱 병에 담겨 팔리고 있을 때 맥주나 탄산음료가 아닌 물을 알루미늄 캔에 포장하여 팔 생각을 어떻게 하게 됐을까?

2009년, 마이크 세사리오는 덴버에서 열린 한 음악 축제(Vans Warped Tour in Denver)에서 뮤지션들과 어울리던 중, 그들이 몬스터 에너지 드링크 캔에 물을 담아 마시고 있는 모습을 보게 되었다. 당시 이런 헤

비메탈 록밴드 그룹의 공식 스폰서는 몬스터 에너지였기 때문에, 공연 중에도 겉으로는 스폰서 제품을 마시는 것처럼 보여야 했다. 그래서 에너지 드링크 대신 물을 담아 마시는 꼼수를 썼던 것이다.

이 경험은 수년 후 리퀴드 데스 탄생의 씨앗이 되었다.

마이크 세사리오는 생각했다.

"왜 건강한 제품들 중에는 재미있고 쿨하며, 전통에 얽매이지 않는 브랜드가 없는 걸까?"

그는 가장 유머러스하고 기억에 남는 마케팅은 대부분 맥주, 초콜릿, 과자 같은 정크 푸드 제품에서 나온다고 생각했었다.

일상의 물, 일상적이지 않은 마케팅 전략

'Murder Your Thirst(갈증을 죽여라)', 리퀴드 데스의 슬로건이다. 많은 생수 판매 회사들이 시원함, 깨끗함, 청량함을 강조한다. 그중 럭셔리 생수 브랜드들이 심지어 원산지, 물의 순수함, 고유의 미네랄 함량 등을 강조할 때 리퀴드 데스는 물을 킬러(killer)로 둔갑시켰다. 우리의 갈증을 죽이는 무시무시한 살인자 컨셉인 것이다. 창업자 마이크 세자리오는 무수히 많은 생수들이 진열되어 있는 진열장에서 그들의 제품이 살아남을 수 있는 방법은 무조건 사람의 시선을 끌어야 한다고 생각했다. 미치도록 재미있거나 특이하면 분명히 사람들은 '이건 뭐지?' 하는 생각에 리퀴드 데스를 집어들 것이라고 기대했고, 대성공적이었다. 또한 미세플라스틱 오염과 같은 환경에 대한 인식 증가도 맞물려서, 일반적인 플라스틱 병 대신 100% 재활용 가능한 알루미늄 캔의 물은 환경 친화적인 이미지를 창출하여 환경 보호 의식을 가진 소비자들에게 크게 어필하였다.

"The greatest risk is to be boring(가장 큰 위험은 지루함이다)."

리퀴드 데스의 크리에이티브 디렉터 앤디 피어슨이 한 말이다. 리퀴드 데스는 항상 새롭고 창의적인 마케팅 방식을 모색하며 창의성과 혁신을 중요시하는 기업이다. 제트기를 경품 추첨 선물로 내세운 적도 있으며, 작년 여름에는 텀블러 인기 브랜드 예티(Yeti)와 콜라보로 관 모양 쿨러를 만들어 경매에 부치기도 했다. 세상에 단 하나뿐인 이 대형 관 모양 아이스박스는 약 9천만 원이 넘는 파격적 가격에 낙찰되었다.

사진 출처: 리퀴드 데스 웹사이트(https://liquiddeath.com/en-kr)

이처럼 다양한 혁신적인 방법과 콘텐츠로 끊임없이 소비자의 관심을 사로잡는 리퀴드 데스. 핼러윈이나 공포영화에서나 볼 수 있는 해골 그림과 온갖 평범하지 않은 과격한 표현들로 가장 평범한 생수를 특별하게 만들었으며, 이익의 일부는 플라스틱 환경 오염을 위해 기부하고 있는 기업. 리퀴드 데스는 그들의 미션을 이렇게 표현한다.

"The evil mission to make the world healthier and more sustainable(세상을 더 건강하고 지속 가능하게 만들려는 사악한 임무)."

다르게 봤더니 다르게 성공한 아이들

이번에는 창의적인 산물 중 단순 유형의 제품이 아닌 정책이나 아이디어로 분류될 수 있는 사례를 소개하겠다. 우리는 잘 알고 있다. 발상의 전환은 창의적인 아이디어를 낼 때, 특히 해결이 어려운 문제를 마주했을 때 돌파구가 될 수 있다는 사실을. 하지만 발상의 전환은 결코 쉬운 일이 아니다. 그래서 더욱 창의적인 접근으로 평가받는다. 청소년을 대상으로 하는 교육 문제는 좋은 아이디어가 있더라도 실천으로 옮기는 것이 특히 쉽지 않다. 그럼에도 불구하고, 이를 진지하게 고민하고 실제로 실천에 옮겨 훌륭한 결과를 이끌어 낸 한 교장 선생님의 이야기가 있다.

"최초의 교내 PC방 운영!"

"학생들과 친해지기 위해 우스꽝스러운 탈을 쓰고 돌아다니는 교장 선생님!"

"담배 피우는 학생들이 있는 화장실 앞에서 기타 치며 금연 송을 부르는 교장 선생님!"

이 모든 수식어들은 아현정보산업고등학교의 방승호 교장을 설명하는 표현이다.

얼마 전, 방승호 교장의 세미나에 참석할 기회가 있었다. 방 교장은 아현정보산업고등학교 재직 시절, 대학 진학을 포기한 학생들, 성취도가 낮다고 낙인찍힌 학생들을 하나하나 직접 만나려 애썼다고 한다. 그는 이들을 사회의 일반적 시선이 아니라, 다른 관점으로 이해하려 노력했다.

당시 학교에는 게임에 중독되어 대부분의 시간을 PC방에서 보내고, 밤새 게임을 한 뒤 학교에서 잠만 자는 학생들이 많았다. 방 교장은 이들의 모습을 단순히 문제로 보지 않았다. 오히려 '게임'이 이 아이들에게 어떤 의미였는지를 고민했다. 만약 이런 학생들을 선도해야 했다면, 대부분의 교육자들은 게임 중독 상담 프로그램을 찾거나 게임을 못 하게 막는 방법부터 고민했을 것이다. 다양한 대체 활동을 마련하거나, 교육 프로그램을 도입하는 쪽으로 접근했을 것이다. 대개는 '게임은 나쁜 것'이라는 전제를 깔고, '게임에 빠져 학업이 망가졌다'는 결론을 내린다.

하지만 방 교장의 시선은 달랐다. 그는 어떤 아이들에게는 복잡한 가정 환경과 견디기 힘든 현실 속에서 게임만이 유일한 위로였을지 모른다고 생각했다. "공부를 포기해서 게임에 몰입한 것이 아니라, 공부에 집중할 수 없는 환경 때문에 게임에 갇힐 수밖에 없었던 건 아닐까?"라는 질문을 던졌다. 그래서 아이들에게서 게임을 빼앗기보다는, 오히려 적성에 맞게 이를 강화해 주자는 발상의 전환을 했다.

그 결과, 국내 최초로 교내에 PC방을 마련한 고등학교가 탄생했다. 또한 e스포츠학과를 신설해, 남들이 '중독'이라 치부했던 것을 '과몰입'

으로 새롭게 해석했다. 아이들의 에너지를 건강한 방향으로 다시 탄생시킨 것이다. 학과를 운영하며 생긴 에피소드들도 다양하다.

"처음에는 학생들이 등교하면 1교시는 무조건 재웠어요. 왜냐하면 집에서 밤새 게임을 하고 온 아이들이기 때문에 1교시에는 졸릴 수밖에 없거든요. 일단 재우고 시작했죠? 하하."

"처음엔 경쟁률도 어마어마했죠. 애네들이 제일 잘하는 게임 대결로 무조건 게임 잘하는 아이들로 뽑았죠."

사진 출처: 마포구청, 마포뉴스 https://mbs.mapo.go.kr/mapoapp/hotnews_view.asp?idx=226

"어느 정도 학생들이 적응하고 나니 그렇게 열심히 할 수가 없어요. 지각생 절대 없어요. 화장실도 안 가요. 가더라도 막 뛰어갔다 와요!"

이러한 과정을 거쳐 2008년에 개설된 e스포츠학과는 현재 게임제작과로 이름이 바뀌었고, 다수의 프로게이머와 준프로게이머를 배출했다. 아이들의 게임 과몰입을 긍정적인 방향으로 이끌어 꿈을 찾도록 도운 특별한 교장 선생님과 아이들의 이야기는, 휴먼 다큐멘터리 〈스쿨 오브 락(樂)〉으로 기록되었다. 이 작품은 2020년 헬싱키 국제 교육 영화제 공식 초청작으로 선정되었다.

한 명의 창의적 리더로 인하여 학교 프로그램이 변화했으며, 많은 학생들이 목표를 가지게 되었다. 방승호 교장은 어떻게 하면 좀 더 재미있는 방법과 놀이로 아이들에게 다가갈 수 있을지 매일 아침 명상을 통해 고민하고 생각한다고 한다. 아현산업고등학교 e스포츠학과의 성과는 끊임없이 창의적 방법을 모색하는 그의 노력의 결실이었다.

한국의 조직 창의성 특징

가만히 있으면 중간이라도 간다

　우리는 어릴 때부터 "사람들 앞에서 너무 나대지 마."라는 말을 자주 듣는다. 교실에서도 정답을 맞히는 건 중요하지만, 엉뚱한 답을 말하거나 창의적인 의견을 내는 건 약간 위험하기도, 부끄럽기도 하다. 궁금한 걸 질문하는 것 역시 그랬다. 특히 종 치기 전 질문을 하는 친구는 그 반의 역적 취급을 받거나, 귀중한 10분의 쉬는 시간을 깎아 먹는 눈치 없는 고문관으로 낙인찍히곤 했다. 학창 시절, 우리 반에도 '아쫌'이라는 별명을 가진 친구가 있었다. 그 친구가 수업 시간 중에 의견을 내거나 질문을 하면 반 친구들이 "아~ 쫌~ 제발~" 이런 원성들을 쏟아 내면서 그런 별명이 생겼는데, 궁금한 것도 많고 엉뚱한 생각도 많았던 그 친구는 지금 어디서 무엇을 하고 있을까? 새롭거나 다른 생각을 떠올려도 속으로 삼켰던 우리는 또 지금 어디에 서 있을까?

'모난 돌이 정 맞는다', '가만히 있으면 중간이라도 간다'는 속담들에서도 알 수 있듯이 우리나라만의 사회 분위기는 오래된 유교 문화와 집단주의에서 비롯된다. 한국 사회는 오랫동안 조화를 우선시하는 가치를 중요하게 여겼다. 조직 내에서 너무 튀는 사람은 '협조적이지 않다'는 평가를 받기 쉽다. 회사에서도 상사의 말을 따르는 것이 중요하고, 학교에서도 정해진 틀 안에서 문제를 해결하는 것이 익숙하다. 창의적인 생각이 아예 사라지는 건 아니지만, 개인이 그것을 드러내기엔 너무 많은 눈이 부담스럽다. 이런 경향은 '실패를 용납하지 않는 사회'라는 특징과도 연결된다. 창의성은 시행착오를 동반하지만, 한국에서는 한 번의 실패가 곧 낙오로 이어지는 경우가 많다. 그래서 개인이 모험을 하기보다는 안전한 길을 선택하는 것이 일반적이다.

그런데 왜 조직에서는 창의성이 폭발할까? 아이러니하게도 한국은 집단 단위로 움직일 때 엄청난 창의성을 발휘한다. 예를 들어, IT 산업에서 한국 기업들은 기술을 빠르게 흡수하고 새로운 방식으로 조합해 혁신을 만들어 낸다. 반도체, 스마트폰, 게임 산업 모두 한국식 창의성이 강하게 작용한 사례다.

왜 이런 차이가 발생할까?
우리는 '우리'라는 공동체 의식이 강하다. 개인이 앞장서는 건 부담스럽지만, 팀으로 움직일 때는 훨씬 더 과감해질 수 있다. '내가 하는 게 아니라 우리가 하는 거야!'라는 생각이 퍼지면 새로운 아이디어를 시도하는 것도 훨씬 수월하다.

또한 조직적으로 빠른 실행력과 응용력을 가지고 있다. 한국은 '빨리빨리'문화 덕분에 신속한 실험과 수정이 가능하다. 실패가 곧바로 도태로 이어지는 개인의 경우와 달리, 조직은 다양한 아이디어를 시도해 보고 개선할 수 있는 여지가 크다.

한국 사람들은 특히 위기 상황에서 강한 문제 해결력을 가진다. 오랫동안 국가의 위기나 전쟁을 겪으면서 조직적으로 창의성을 발휘하는 능력이 유전자에 각인되었다고 말하는 사람들도 있다. IMF 경제위기 때 금 모으기 운동, 코로나19 진단 키트의 빠른 개발, K-방역 시스템 같은 사례 같은 것을 보면 그 말이 틀린 것도 아닌 듯하다. 개인이 나서서 해결하기 어려운 문제도, '함께하면 된다'는 인식이 형성되면 빠르게 해결책이 만들어진다.

그렇다면 지금의 AI 시대에도 한국의 조직 창의력은 여전히 강력한 무기일까? AI 시대는 기술 발전 속도가 그 어느 때보다 빠르다. 변화에 적응하지 못하면 도태되는 시대다. 그리고 한국의 조직 창의력은 이 속도전에 강하다. 한국 기업과 조직은 빠른 적응력, 협력, 실행력을 무기로 삼아 AI 혁신을 주도할 가능성이 크다. 지금 한국은 변화의 길목에 서 있다. 창의적인 인재가 중요하다고 말하지만, 여전히 개인의 창의성을 키우기엔 부담스러운 환경이 많다.

그러려면 어떻게 해야 할까?

실패에 관대해져야 한다. 그러면서 다양한 의견을 존중하는 분위기가 조성되어야 한다. 무엇보다 정답을 찾기보다 질문을 던져서 새로운 가능성을 탐색하도록 하는 교육이 필요하다. 이런 변화가 이루어진다면, 한국 사회는 개인과 조직 모두에서 창의성이 폭발하는 새로운 시대를 맞이할 수 있을 것이다.

모난 돌이 물길을 튼다

한국인의 개인 창의성 점수는 얼마나 될까? 독자들은 자신을 얼마나 창의적이라고 평가하는가?

이 글을 읽는 지금 이 순간에도, 많은 사람들이 '나는 별로 창의적이지 않아.', '나는 창의적인 일에는 자신이 없는데…'라고 생각하고 있을지도 모른다.

그렇다면 조직 창의성은 어떨까?

한국 기업들의 조직 창의성에 대해 여러 연구들은 몇 가지 도전 과제가 존재한다고 지적한다. 특히 기업 문화와 리더십 스타일이 조직 창의성에 큰 영향을 미친다는 결과가 많다. 권위적인 조직 문화로 인해 개개인의 창의성을 충분히 활용하지 못하고, 이는 결국 조직 창의성까지 부정적인 영향을 미칠 수 있다는 것이다. 많은 조직들이 가진 위계적 문화, 경직된 리더십 스타일 그리고 업무 프로세스의 규제 등은 구성원의 창의적인 아이디어를 수용하고 실현하는 데 걸림돌이 되고 있다.

조직 창의성은 개인 창의성과 밀접하게 연결되어 있다. 그렇다면 문제는 무엇일까? 개인 창의성은 높은데 이를 제대로 활용하지 못하는 조직과 문화가 문제인 걸까? 아니면 많은 한국인들이 느끼듯이 개인의 창의성이 낮아 결국 조직 창의성에도 영향을 미치는 걸까? 이 점을 분명히 살펴볼 필요가 있다.

2024년 6월 OECD 발표에 따르면, 국제 학업성취도 평가 프로그램(PISA: Programme for International Student Assessment)은 2022년 15세 학생들을 대상으로 창의적 사고력을 평가했다. 이 평가에서 한국 학생들은 60점 만점 중 평균 38점을 기록했다. 이는 64개 참여국 중 캐나다, 호주와 함께 공동 2~4위에 해당하는 성과였다. 1위는 평균 41점을 기록한 싱가포르가 차지했다. 또한 아래 교육부 자료에서도 알 수 있듯이, OECD 28개국을 기준으로 볼 때 한국은 1~3위를 기록해 창의적 사고력 부문에서 세계적으로 높은 수준을 입증했다. 이는 매우 고무적인 결과라 할 수 있다.

2022년 PISA 창의적 사고력 문항은 '아이디어 형성 과정'과 '표현 영역'을 평가하도록 구성되었다. 아이디어 형성 과정은 독창적인 아이디어 만들기, 다양한 아이디어 만들기, 아이디어 평가 및 개선하기를 포함한다. 표현 영역에는 글로 표현하기, 시각적으로 표현하기, 사회적 문제 해결, 과학적 문제 해결이 해당된다.

국가명	평균 점수	순위 OECD (28개국)	순위 전체 (64개국)	전체 학생 비율(%) 1수준 미만	1수준	2수준	3수준	4수준	5수준	6수준	성별 평균 점수 남학생	성별 평균 점수 여학생
OECD 평균	33			0.4	6.5	14.8	24.6	26.7	18.1	8.9	31	34
싱가포르	41		1~1	0.0	1.2	4.5	12.6	24.0	30.0	27.8	40	42
대한민국	38	1~3	2~4	0.2	2.2	7.3	16.8	27.4	27.6	18.3	37	40
캐나다	38	1~3	2~4	0.1	2.6	8.5	18.5	25.5	23.4	21.4	37	39
호주	37	1~4	2~5	0.1	2.7	9.1	19.3	26.1	23.6	19.0	36	39
뉴질랜드	36	3~7	4~8	0.0	2.7	10.6	21.0	26.1	23.3	16.3	35	38
에스토니아	36	4~9	5~10	0.0	2.0	9.0	23.1	31.6	23.9	10.4	34	38
핀란드	36	4~9	5~10	0.3	4.9	11.5	19.8	24.6	21.4	17.6	33	39
덴마크	35	4~10	5~11	0.0	1.8	8.4	24.1	34.3	23.5	7.8	34	37
라트비아	35	5~10	6~12	0.0	0.9	7.5	26.4	38.8	21.6	4.8	34	36

국가명	하위 범주별 평균 정답률(%) 아이디어 형성과정 다양한 아이디어 만들기	독창적 아이디어 만들기	아이디어 평가하고 개선하기	영역 글로 써서 표현	시각 표현	사회적 문제 해결	과학적 문제 해결
OECD 평균	42.9	44.1	34.2	50.3	32.2	39.0	32.2
싱가포르	61.0	57.6	44.5	66.2	34.1	58.1	42.6
대한민국	57.6	48.1	45.9	60.6	37.7	50.1	47.4
캐나다	55.0	53.0	39.9	61.4	35.1	49.5	38.4
호주	49.1	51.9	38.1	56.9	38.1	45.8	35.5
뉴질랜드	51.6	51.6	39.4	58.2	36.5	48.2	35.7
에스토니아	48.0	52.1	40.5	57.9	36.4	44.8	40.2
핀란드	47.2	46.6	43.1	52.0	32.4	49.6	37.2
덴마크	48.0	49.2	37.4	55.5	37.7	41.5	37.7
라트비아	42.6	48.1	38.9	54.8	37.0	42.0	30.9
벨기에	46.2	47.8	34.1	52.0	34.9	42.0	35.0

출처: '2024 교육부 자료' 참고하여 저자가 재구성

한국 학생들이 거둔 이번 성과는 여러 요인에 기인한다고 전문가들은 분석한다. 그동안 한국의 교육 시스템은 창의성 증진에 꾸준히 힘써 왔고, 학교 환경과 교육 과정도 창의적 사고력을 키우는 데 중요한 역할을 했다. 덕분에 학생들은 창의적 문제 해결에 필요한 다양한 기술과 능력을 개발할 기회를 얻을 수 있었다.

하지만 여기서 주목해야 할 점이 하나 더 있다.

한국 학생들은 창의적 자기효능감 부문에서는 상대적으로 낮은 점수를 받았다. OECD 평균보다도 낮은 수치다. 창의적 자기효능감은 학생들이 스스로 자신의 창의적 능력에 대해 느끼는 자신감을 말한다. 이는 단순히 창의적 사고력이 높다고 해서 자연스럽게 따라오는 것이 아니다. 자신의 창의적 성과를 스스로 인지하고, 그것을 자신의 능력으로 연결 지어 받아들이는 과정이 필요하다. 한국의 교육 시스템은 창의적 사고력을 높이는 데 성공했지만, 경쟁적인 교육 환경은 학생들로 하여금 자신의 창의성을 낮게 평가하거나 창의적 실패를 두려워하게 만들 수 있다. 특히 비교 중심의 문화는 창의적 자기효능감을 떨어뜨리는 주요 요인 중 하나로 지적된다. 창의적 사고력은 높지만, 창의적 자기효능감이 낮은 학생들은 문제를 해결할 때 불안감과 자기 의심에 빠지기 쉽다.

"내가 제안하는 아이디어를 다른 사람들은 어떻게 볼까?"

"혹시 내 해결책이 틀렸다면 어떻게 하지?"

이런 생각들이 머리를 스치면서 망설이게 되는 것이다. 자신감의 결핍은 자유로운 창의적 표현을 억제하고, 새로운 해결책을 제시하는 것도 주저하게 만든다. 결국 잠재력을 충분히 발휘하지 못하고 스스로 한계를 만들어 내는 내부적 장벽을 경험하게 되는 것이다.

다시 한국 기업들의 조직 창의성 이야기로 돌아가 보자.

창의적 자기효능감이 낮은 개인들의 특성과 창의성을 저해할 수 있는 한국의 조직 문화가 복합적으로 상호 작용 하며 부정적 영향을 미치는 것으로 보인다. 그러나 한편으로, 한국의 스타트업과 콘텐츠 제작 기업들은 세계적으로 매우 긍정적인 평가를 받기도 한다.

그렇다면 이런 기업들은 전형적인 한국 조직과 무엇이 다를까?

어떻게 이들은 혁신적인 아이디어와 기술로 세계 시장에서 두각을 나타내고 있는 걸까?

2025년 라스베이거스에서 열린 CES(Consumer Electronic Show)는 최신 전자 기기와 혁신 기술이 소개되는 세계 최대 규모의 전시회다. 한국은 이 전시회에 참가한 기업 수에서 미국과 중국에 이어 세 번째로 많았다. 총 1,031개 기업이 참여했다. 또한, 2023년 전 세계 특허 출원 순위에서도 한국은 4위를 기록했다. 1위는 중국, 그 뒤를 미국과 일본이이었고, 그다음이 한국이었다. 이러한 수치를 보면 한국은 새롭고 독창적인 아이디어와 혁신 기술이 중요한 분야에서 조직 창의성 측면에서도 뚜렷한 존재감을 드러내고 있는 듯하다.

이러한 스타트업과 콘텐츠 제작 기업들의 성공 요인을 살펴보면 공통점이 보인다. 이들은 일반적으로 더 유연하고 개방적인 조직 문화를 지니고 있다. 팀워크와 협력을 중시하고, 구성원들의 아이디어를 존중하며 지원하는 문화를 조성하고 있다. 이러한 환경은 구성원들이 창의적인 아이디어를 자유롭게 제안하고 실현하는 데 중요한 역할을 한다.

또한, 이들 조직은 창의적 자기효능감이 높은 인재들로 구성되어 있을 가능성이 크다. 자신의 잠재력을 믿는 사람들은 자연스럽게 더 자유롭고 창의적인 기업 환경을 찾게 된다. 스타트업과 콘텐츠 제작 기업들은 이러한 인재를 선호하고, 창의성을 중요한 채용 기준으로 삼아 조직 창의성을 강화해 나간다.

창의력을 촉진하는 조직 문화는 여러 요소로 이루어진다. 심리적 안정감, 개방적 소통, 다양성 존중, 리더십의 지원, 도전을 수용하는 태도, 자율성과 책임감 등이 조화를 이룰 때 비로소 창의성이 꽃피울 수 있다. 그리고, 창의적 자기효능감이 높은 인재를 적절히 채용하고 육성할 때 조직은 더욱 혁신적이고 창의적인 성과를 만들어 낼 수 있을 것이다. 따라서 조직은 이러한 요소들을 강화하고, 지속적으로 창의적인 환경을 조성하기 위해 노력해야 한다.

결국, 창의성은 조용히 따라가는 것과 새로운 길을 내는 것 사이의 끊임없는 선택 속에서 자란다.

'가만히 있으면 중간이라도 간다'는 안락함은 익숙하지만, 그 안에서는 결코 새로운 물길이 생기지 않는다. 반대로 '모난 돌'처럼 흐름에 저항하고 새로운 방향을 시도하는 순간, 비로소 작은 균열이 시작되고, 그 균열이 더 큰 변화를 만들어 낸다.

한국의 조직 문화도 이제 이 지점에 서 있다. 과거의 안정적인 방식에 머물 것인가, 아니면 불확실성을 감수하고 창의적 돌파구를 찾아 나설 것인가. 변화를 만들어 내는 것은 거창한 구호가 아니다. 다르게 보고, 다르게 질문하고, 다르게 행동하는 작은 용기들이다.

그리고 그 작은 용기들이 결국 물길을 바꾼다.

책을 마치며

우리는 이 책의 서두에서 질문했었다.

AI 시대, 왜 지금 창의력에 주목해야 하는가? 지금 이 시점에 왜 창의력이 우리의 삶과 일에서 빼놓을 수 없는 핵심 역량이 되어야 하는가? 그리고 인간이 AI와 차별화되는 가장 중요한 능력은 바로 창의력이라고 모두가 말하면서도, 정작 왜 그것에 대해 진지하게 생각하거나, 배우거나, 적극적으로 발현하려 하지 않는 걸까?

이 질문들은 우리가 이 책을 통해 독자 여러분과 함께 생각해 보고자 했던 근본 출발점이었다. 책을 써 내려가는 내내 우리는 토론하고, 같이 고민했으며, 집필을 마무리하는 지금, 한 가지 분명한 사실에 도달했다.

"창의력은 막연한 감각이 아니라 구체적인 능력이다."

창의력은 문제를 다양한 시각으로 새롭게 바라보는 능력이자 지금과 같은 변화의 시대에 생존하고, 성장하며, 도약하는 전략이다. 창의력을 그동안 '감'이나 '끼'로 치부했던 것은 창의력에 대해 잘 몰랐고, 특히 측정하거나 길러 내고, 개발하는 방법을 몰랐기 때문 아닐까. 하지만 우리는 이제 알고 있다. 창의력은 훈련을 통해 발전시킬 수 있는 것이며, 누구나 자신만의 고유한 방식으로 발휘하고 실현할 수 있는 능력이다.

이 시점에서 중요한 것은, 자기 자신이 어떤 창의적 특성과 강점을 가지고 있는지 아는 것이다. 지금은 강점에 집중할 때다.

우리는 모두 생성형 AI라는 똑같은 도구를 손에 쥐고 있다. '무엇을 갖고 있느냐'보다 '어떻게 다르게 쓰느냐'가 진짜 차이를 만든다. 누군가는 AI를 수동적으로 사용하고 따르지만, 또 누군가는 비틀고, 깨부수고, 섞어서 능동적으로 조종하며 자기만의 창의적 산물을 만들어 낸다. 결국 이 차이를 만들어 내는 본질은 바로 창의력인 것이다.

즉, 기존의 지식을 단순히 따르는 것을 넘어 그것을 변형하고, 융합하고, 재구성하는 사고의 유연성과 연결력이 이 시대를 살아가는 우리에게 반드시 필요한 무기인 것이다.

그리고 AI 시대의 진짜 경쟁력은, 정답을 아는 능력이 아니라 질문을 다르게 던질 수 있는 능력, 즉 관점과 사고의 틀을 새롭게 짜는 창의적 역량이다.

우리가 처음에 우려했던 'AI가 일자리를 빼앗는 것 아니냐'라는 걱정이나 질문도 이미 낡았다. 더 중요한 질문은 이거다.

"나는 AI와 함께 어떤 새로운 일을 만들어 낼 수 있는가?"

창의력이란 바로 이 질문을 던지게 만드는 힘이다.

창의력은 인간이 AI보다 낫다는 증명의 도구가 아니다.

AI와 나의 일 사이에 새로운 연결을 설계하고, 그 연결을 통해 지금까지 없던 일, 없던 방식, 없던 역할을 발명하는 능력이다.

전문직이든, 생산직이든, 기술직이든, 어떤 일이든 상관없다. 창의력이 있는 사람은 기존의 일을 지키는 데 머무르지 않고, 일의 경계 자체를 바꾸는 사람이다.

창의력은 일의 경계를 넘고, 세상의 판 자체를 다시 짜는 힘이다. 그리고 그 가능성은 이미 우리 안에 있다. 이제 꺼내어 쓸 시간이다.

참고 문헌

- Bart, W. M., Hokanson, B., & Can, I. (2017). An investigation of the factor structure of the Torrance Tests of Creative Thinking. Educational Sciences: Theory & Practice, 17(2), 515-528. DOI:10.12738/estp.2017.2.0051
- Benedek, M., Karstendiek, M., Ceh, S. M., Grabner, R. H., Krammer, G., Lebuda, I., Silvia, P. J., Cotter, K. N., Li, Y., Hu, W., Martskvishvili, K., & Kaufman, J. C. (2021). Creativity myths: Prevalence and correlates of misconceptions on creativity. Personality and Individual Differences, 182, Article 111068. DOI:10.1016/j.paid.2021.111068
- Goff, K., & Torrance, E. P. (2002). Abbreviated Torrance Test for Adults manual. Bensenville, IL: Scholastic Testing Service, Inc.
- Hubert, K. F., Awa, K. N., & Zabelina, D. L. (2023). The current state of artificial intelligence generative language models is more creative than humans on divergent thinking tasks. Scientific Reports, 13, Article 15406. DOI:10.1038/s41598-023-42644-9
- Kim, K. H. (2006) Can We Trust Creativity Tests? A Review of the Torrance Tests of Creative Thinking (TTCT), Creativity Research Journal, 18(1), 3-14. DOI: 10.1207/s15326934crj1801_2

- Kim, K. H. (2017). The Torrance Tests of Creative Thinking - Figural or verbal: Which one should we use? Creativity. Theories-Research-Applications, 4(2), 302-321. DOI: 10.1515/ctra-2017-0015
- Kirton, M. J. (2011). Adaption-innovation: In the context of diversity and change (Reprint ed.). Routledge.
- Li, J., Orlov, N., Wang, Z., Jiao, B., Wang, Y., Xu, H., Yang, H., Huang, Y., Sun, Y., Zhang, P., Yu, R., Liu, M., & Zhang, D. (2021). Flexible reconfiguration of functional brain networks as a potential neural mechanism of creativity. Brain Imaging and Behavior, 15, 1944-1954. DOI.org/10.1007/s11682-020-00388-2
- Runco, M., & Kim, D. (2020). The four Ps of creativity and recent updates. In E. G. Carayannis (Ed), Encyclopedia of Creativity, Invention, Innovation and Entrepreneurship (2nd ed.). Springer. DOI:10.1007/978-1-4614-6616-1_429-2
- Torrance, E. P. (1972). Predictive validity of the Torrance Tests of Creative Thinking. Journal of Creative Behavior, 6(4), 236-262. DOI.org/10.1002/j.2162-6057.1972.tb00936.x
- Torrance, E. P. (1979). The search for Satori and creativity. Buffalo, NY: Creative Education Foundation.
- Torrance, E. P., & Sato, S. (1979). Figural creative thinking abilities of United States and Japanese majors in education. Creative Child & Adult Quarterly, 4(4), 216-221.
- Torrance, E. P. (2008a). Torrance Test of Creative Thinking: Norms technical manual, figural streamlined forms A & B. Scholastic Testing Service.

- 교육부, (2024. 06. 18. 보도 자료(https://www.moe.go.kr/boardCnts/viewRenew.do?boardID=294&boardSeq=99169&lev=0&searchType=null&statusYN=W&page=41&s=moe&m=020402&opType=N)
- Idea-Marathon(https://www.idea-marathon.com)
- 성심당(https://www.sungsimdangmall.co.kr/)
- The de Bono Group(https://www.debonogroup.com/services/core-programs/six-thinking-hats/)
- Liquid Death(https://liquiddeath.com/en-kr)
- 마포구청, 마포뉴스(https://mbs.mapo.go.kr/mapoapp/hotnews_view.asp?idx=226)